Erste Hilfe in seelischer Not

AF191638

Zum Gedenken
an meinen verehrten Lehrer
Univ.Prof. Dr. Erwin Ringel
(† 28. 7. 1994)

Gerhard Brandl

ERSTE HILFE IN SEELISCHER NOT

Anregungen – Impulse – Klarstellungen

Alle Rechte beim Autor
Herstellung: Books on Demand/ Norderstedt
Erscheinungsjahr 2002
Printed in Germany
ISBN 3-8311-3901-6

Inhalt

Vorwort

An einer vielfältigen Hilfsbedürftigkeit solcher Art besteht heute kaum ein Zweifel. Die entsprechende Nachfrage muss allerdings meist noch geweckt werden. Anderseits wäre dann aber auch die Überzeugung glaubhaft zu vermitteln, selber für eine derartige Leistung über die nötige Fähigkeit zu verfügen. Dieser doppelten Aufgabe widmet sich das vorliegende Buch.

Der Text dazu entstand in den achtziger Jahren, wurde schließlich vergessen und ist inzwischen vom Autor einer gründlichen Überarbeitung unterzogen worden. Ursprünglich war an eine Sendung im Rundfunk gedacht, die dann aber doch nicht zustande kam. Eine Vervielfältigung, die damals vorgenommen wurde, hat dennoch manchem Empfänger gute Dienste geleistet. Schließlich habe ich diese Arbeit aus den Augen verloren, sie erst wieder entdeckt und mich daraufhin entschlossen, sie Interessierten zugänglich zu machen.

Von ihrer Aktualität bin ich deshalb überzeugt, weil mir in meiner psychotherapeutischen Praxis in zunehmendem Maß Menschen begegnet sind, denen viel zu lange jede Hilfe vorenthalten wurde. Man hat sie lediglich mit billigen Schlagworten und allenfalls Tabletten abgespeist. Indem man einem Betroffenen ausweicht, zu ihm Abstand hält, als ob er mit einer ansteckenden Krankheit behaftet wäre, von einem solchen Zustand keinesfalls tangiert sein will, wächst die innere Not immer mehr an, breitet sich zugleich aus.

Eingehend habe ich mich zur Nützlichkeit von Nähe wesentlich später, und zwar (1999) in Buchform geäußert – unter dem Titel "Mitmenschlichkeit kann uns heilen. Annäherungsversuche". Gerade in Krisen, bei Konfliktsituationen, wenn sich jemandem in bedrängender Weise die Sinnfrage stellt, würde es des verständnisvollen, einfühlsamen, akzeptierenden Mitmenschen so sehr bedürfen (C. R. Rogers).

Sich nicht "einmischen" wollen, besitzt hier keine Geltung. Zudringlichkeit, Besserwisserei und ein moralistisch-vorwurfsvolles Gerede dagegen würde den Graben zur sozialen Umwelt hin noch viel mehr vertiefen. Das Gefühl des Allein-gelassen-Seins verschärft sich in geradezu gefahrvoller Weise durch jemanden, der gewissermaßen von oben her, gnädig, zugleich äußerst selbstgefällig, als ein "Wohltäter" zu agieren beabsichtigt, ohne in Wirklichkeit einer zu sein.

Am Ende schwindet bei Notleidenden erst recht jegliche Hoffnung auf Überwindbarkeit des unerträglichen Zustands, wenn eine demütigende Abhängigkeit erzeugt wurde. Auch an Mobbingopfer sei hier gedacht. Immer häufiger ist heute von unmenschlichen Verhältnissen im Berufsleben die Rede. Ein Ausgleich ist möglich und oftmals eine Verpflichtung.

Die sieben Kapitel dieser kleinen Schrift erheben keinen Anspruch auf Vollständigkeit irgendwelcher Art. Durch sie sollen lediglich Impulse und Anregungen vermittelt werden, sich "im Notfall" als hilfsbereit zu erweisen. Eine solche Klarstellung kann bereits zu einem notwendigen Aufbruch den

Mut schenken, eine Wende ermöglichen, als Lichtblick erscheinen.

Aber auch dem Notleidenden selber mag vielleicht damit geholfen sein, wenn er seine Situation zu reflektieren imstande ist, aus dem, was ich hier niedergeschrieben habe, hoffentlich keine unrichtigen Schlüsse zieht, sich jedenfalls nicht mehr länger für unheilbar hält, keineswegs als "hoffnungslosen Fall" einschätzt. Mehr als eine Hilfe zur Selbsthilfe kann auch der bereitwilligste und gut ausgebildete Helfer nicht vermitteln. Das sei hier ausdrücklich erwähnt und eigens betont.

Als Angehöriger der tiefenpsychologischen Schule von Alfred Adler, der sog. Individualpsychologie, lasse ich mich von einem diesbezüglichen Orientierungsangebot leiten, weiß aber auch die Denkweisen der Humanistischen Psychologie zu schätzen. Vor allem empfinde ich großen Respekt vor der Pionierleistung eines Sigmund Freud in Gestalt der Psychoanalyse.

Bei alledem bleibe ich mir dessen sehr wohl bewusst, dass jede Theorie sich immer erst in der Praxis zu bewähren hat. Denn der konkrete Mensch beansprucht vor jeglichem Wissen und noch so scharfsinnigem Denken unbedingt einen Vorrang, darf nicht in irgend ein Schema gepresst werden.

Nicht Normalitätsvorstellungen und womöglich erwünschte Verhaltensweisen wären daher zu berücksichtigen, sondern doch wohl in erster Linie die Befindlichkeiten Hilfsbedürftiger. Gerade darauf muss der bereitwillige Helfer am meisten Bedacht nehmen. Seine eigenen Erlebnisweisen bilden allenfalls einen Ausgangspunkt, nicht mehr, dürfen keinesfalls verabsolutiert werden. Er wird darauf nicht starrsinnig beharren, dass etwas so ist und nicht anders, vielmehr Aufgeschlossenheit bekunden, sich um echte Einfühlung bemühen.

Seelische Not lässt deutlich werden, dass Vereinzeltsein krank macht, absichtliches Ausgrenzen daher eigentlich ein Verbrechen ist. Das gilt auch für Rechthaberei, obwohl diese eher eine Ausgeburt der Dummheit ist.

Gäbe es im Alltag ein wesentlich höheres Maß an persönlicher Wertschätzung, nicht etwa als Belohnung oder aus Gründen der Bestechung, könnten Seelenleiden wahrscheinlich nicht derart "ins Kraut schießen", wie das heutzutage häufig der Fall ist. Damit ist auf Vorbeugemöglichkeiten in verpflichtender Weise aufmerksam gemacht.

Dieser Hinweis (zu dem ich eben auch durch einen dringenden Telefonanruf besonders bestärkt worden bin) sollte wesentlich öfter berücksichtigt werden. Ich möchte ihn jedem Leser aus tiefster Überzeugung sehr ans Herz legen.

Einführung

Selbstverständlich kann Erste Hilfe in üblicher Bedeutung das Eingreifen des Arztes oder gar eine notwendige Operation nicht ersetzen. Umgekehrt kommen medizinische Maßnahmen ohne eine solche mutige Leistung sehr oft zu spät. Gerade Unfälle machen ein rasches und ganz gezieltes Handeln unbedingt erforderlich. Die mutige Bereitschaft, aber außerdem bestimmte Grundkenntnisse sind dazu von Nöten.

Hier stellt sich nun allerdings die Frage, ob auch im Bereich des Seelenlebens mit Ähnlichem zu rechnen sei, außerdem wie solche Sofortmaßnahmen eigentlich beschaffen sein müssten. Dabei stoßen wir auf eine Schwierigkeit, die bereits an der Entstehung von Seelenleiden beteiligt ist.

Organische Schäden bleiben kaum jemals verborgen. Das ganze Ausmaß innerer Not dagegen tritt oft erst im Selbstmord zutage. Aber auch wenn dieser äußerste Schritt unterbleibt, kann das Leiden zunehmend als unerträglich empfunden werden. Vor allem deshalb ist das der Fall, weil kaum jemand davon Notiz nimmt. Im übrigen haben solche Beeinträchtigungen heute ein hohes Ausmaß erreicht. Immer mehr Menschen sind davon betroffen, so dass sich offizielle Hilfsmöglichkeiten meist als gänzlich unzureichend erweisen oder aber eine "erste Hilfe" unbedingt voran gehen müsste.

Informationen über einen solchen Problembereich dürften gerade aus diesem Grund durchaus angezeigt sein. Statt einer umfassenden Darstellung soll hier insbesondere auf eine erforderliche Sensibilisierung hingearbeitet werden. Emotionale Teilhabe könnte eine schädigende Gefühlsunterdrückung enden lassen, optimistische Ausblicke gewinnen helfen, zuversichtlich stimmen, befreiend wirken.

Eine höchst fragwürdige Auffassung von körperlicher Gesundheit besagt, diese sei mit der Funktionstüchtigkeit der Organe gleich zu setzen. Der Körper würde dadurch in seiner Eigenart, Spiegel des Seelischen zu sein, verkannt, aber ebenso, was seine Funktion beim Umweltkontakt anlangt. Ein bloßer Mechanismus ohne aktiven Bezug zum Leben, zum Nächsten, von Denken, Wollen, Fühlen zu einander, kann weder Lust empfinden, noch wäre die Leistungsfähigkeit des Körper-Geist-Wesens Mensch auf die Dauer tatsächlich gewährleistet und sicher gestellt. Im Gefühl findet beides zusammen, Körperlichkeit und psychische Dynamik. Gefühlen kommt daher eine erstrangige Integrationsaufgabe zu.

Wer Emotionales verächtlich beurteilt, als Zeichen von Schwäche und mangelnder Selbstbeherrschung abtut, wirkt an einer weiteren Zunahme der "seelischen Eiszeit" mit, die sich immer häufiger durch Ausbrüche von Gewalt bekundet. Er erweist sich somit eindeutig als ein "Gegenmensch" (A. Adler).

Abgesehen von einem möglichen Übergreifen innerer Konflikte auf den Organismus, haben diese mit Unfallfolgen oder einer Vergiftung das Angewiesensein auf fremde Hilfe gemeinsam. Die vorliegende Schrift soll diesbezüglich Einsicht vermitteln und Verständnis wecken, schädliche Vorurteile abbauen helfen, auf Möglichkeiten einer Hilfe-leistung – auch für den "psychologischen Laien" – aufmerksam machen.

Ihr eigentlicher Zweck ist aber erst dann erreicht, wenn die weit verbreitete Geringschätzung see-lisch "Behinderter" eine spürbare Verringerung er-fährt, deren Diskriminierung mitsamt einem kei-neswegs "gutmütigen Spott" ihr Ende findet. Mit-menschlichkeit müsste im Zusammenleben des Alltags jedenfalls wesentlich öfter spürbar werden. Passivität trotz aller Hektik, vor allem Misstrauen gegen Gefühle machen anderseits den modernen Menschen in hohem Maß anfällig für innere "Ver-giftungen" und psychosoziale "Unfälle". Wer vor seinem eigenen Unvermögen Angst bekommt, sich einer Selbstkonfrontation daher entzieht, schaut meist auf den noch Ohnmächtigeren ver-achtungsvoll herab, kann sich dann einer zweifel-haften Überlegenheit rühmen.

Womöglich heißt es gar noch, jemand sei an sei-nem Zustand "selber Schuld". Seine mangelnde Selbstdisziplin und die völlig unangemessenen "Launen" (zumindest nach Meinung gänzlich Ver-ständnisloser) werden meist vorwurfsvoll ins Tref-fen geführt. Es ist auffallend und höchst bedau-ernswert zugleich, dass viele Menschen, wenn sie persönlich dringend gebraucht würden, sich hinter allerlei Phrasen verschanzen, im Grunde nichts zu sagen haben.

Demonstrative Fremdheit und Berührungsscheu wirken stets kränkend. Nicht nur Ausländer be-kommen ein solches Verhalten heute äußerst schmerzlich zu spüren, oft auch Alleinlebende, al-te Leute, Minderheitenangehörige, Menschen, die irgendwie anders sind. Die Kinderfeindlichkeit in unserer Gesellschaft darf dabei ebenfalls nicht übersehen werden. Jugendlichen erweist man keine Sympathie, man beneidet sie bloß um ihre Vitalität und die (oft nur gespielte) Unbeschwertheit.

Sofern jemand bereits in seinen ersten Lebensjahren mit Kälte, Abweisung, Geringschätzung Bekanntschaft machen musste, man ihm dadurch ein negatives Selbstwertgefühl vermittelt hat, ist in einem solchen Fall früher oder später mit entsprechenden negativen Folgen zu rechnen. Hinter "tadelloser" Angepasstheit kann sich stille Verzweiflung verborgen halten, die dann ganz plötzlich zu allerlei "Verrücktheiten" Anlass gibt oder einen völligen Zusammenbruch bewirkt.

Was eine etwaige Hilfsbereitschaft anlangt, so wäre es gänzlich verfehlt, wenn durch Leistungen solcher Art bloß der Wunsch nach eigener Unentbehrlichkeit und Überlegenheit befriedigt werden sollte. Unter derartigen Umständen entstünde kaum weniger Schaden als wenn an einem Unfallopfer ohne die erforderlichen Kenntnisse herumhantiert wird. Unabdingbare Voraussetzung, ehe einer sich auf diese Aufgabe einlässt, wäre das ehrliche Bekenntnis zu einer umfassenden, allgemeinmenschlichen Hilfsbedürftigkeit, damit aber auch zu eigenem Angewiesensein auf den Nächsten.

Jede Form demütigender Abhängigkeit wirkt äußerst kränkend, macht daher früher oder später krank. Hilfsbedürftiger und Helfer befinden sich grundsätzlich auf gleicher Ebene. Das sei hier ausdrücklich betont und gefordert. Ein Minimalprogramm zu Gunsten seelischer Gesundheit, das immerfort in Geltung ist, lautet daher: dem Nächsten das Gefühl von Abhängigkeit, Unterlegenheit und geringerem Wert unter allen Umständen zu ersparen. Er muss für geleistete Hilfe auch nicht "dankbar" sein. Es genügt dem aufrichtigen Helfer doch hoffentlich, wenn es ihm schließlich besser geht.

"Bei Belastungssituationen leisten wir Hilfe zur Selbsthilfe", heißt es in einem Konzept der Krisenintervention. Die Gefahr einer Eskalation von Krisen soll durch "rechtzeitiges Intervenieren" möglichst klein gehalten werden. So sehr institutionelle Angebote dieser Art zu begrüßen sind, darüber hinaus bedarf es der persönlichen Bereitschaft zu einem solchen "Notdienst". Ohne ihn ist mit der Rechtzeitigkeit einer professionellen Unterstützung kaum zu rechnen.

Aber auch diese wird nicht irgend welchen Vorschriften zu gehorchen haben, sondern spontan vor sich gehen. Dass bei der Begegnung mit einem seelisch belasteten Menschen ein eigenes Krisenpotential mobilisiert werden kann, dadurch eine heilsame Verarbeitung möglich ist, soll nicht unerwähnt bleiben (obwohl das nicht der Zweck der Übung ist).

Im Anschluss an Naturkatastrophen und Unglücksfälle ist zunehmend davon die Rede, dass Betroffenen und Hinterbliebenen unbedingt psychologische Hilfe zuteil werden soll. Auch nach dem Massaker von Erfurt im April 2002 standen zahlreiche Psychologen für fassungslose Schüler und Lehrer in Bereitschaft. Man solle darüber reden, statt das Schreckliche zu verdrängen. Diese

Erkenntnis beginnt sich offenbar immer mehr durchzusetzen.

In erster Linie müsste mit einander geredet werden, ist hier eigens zu betonen. Die gegenseitige persönliche Zuwendung übertrifft in ihrer Bedeutsamkeit den Inhalt bei weitem. Selbstmitteilung erweist sich als entscheidender gegenüber der Sachmitteilung. "Denn eigentlich ist der Mensch nur gemeinschaftlich überhaupt lebensfähig", meinte einer, der in einer "Stunde Null glücklicherweise nicht allein gelassen" wurde.

Damit berühren wir nicht nur das Grundanliegen dieses kleinen Buches, sondern wenden uns mit Zuversicht, zugleich mit allem Nachdruck gegen den Männlichkeitswahn, ein selbstbeherrschtes Verschweigen samt nachfolgenden Gewaltausbrüchen, wofür wir immer öfter entsetzte Zeugen zu werden gezwungen sind. Die Grausamkeit erfährt dadurch am wirksamsten eine Ächtung, dass wir zartfühlend, zumindest schonungsvoll mit einander umgehen.

1. SEELENBLINDHEIT UND DIE FOLGEN

Ein jeder ist sich dessen bewusst, dass Traurigkeit den Blick trübt, Wut die Wahrnehmung verzerrt, Angst eine Art Lähmung nach sich zieht. Langeweile infolge eines inneren Stillstands kann die Welt grau und leer erscheinen lassen. Wer vor allerlei Unerfreulichem die Augen verschließt, gerät dadurch erst recht in Gefahr, sein inneres Gleichgewicht zu verlieren.

Vorübergehenden negativen Gefühlszuständen steht bei manchen Menschen immerhin eine chronische Verstimmung gegenüber. Dieser Zustand wird umso quälender empfunden, je mehr dadurch der Kontakt mit der Realität schwindet, der Betreffende mit sich ganz allein bleibt, sich womöglich immer mehr in endlose Grübeleien verstrickt.

Bei alledem handelt es sich nicht etwa um ein organisches, vielmehr ein seelisches Beeinträchtigtsein, das allerdings auch auf den Körper übergreifen kann. Wir sprechen in diesem Fall von psychosomatischen Krankheiten. Der Vergleich mit der Einbuße oder einer Trübung des Sehvermögens erfolgt hier nicht rein zufällig, wenn wir dabei an beharrliches "Schwarzsehen" denken, das Unvermögen, Erfreuliches wahrzunehmen. Damit wäre nämlich eine zunehmende Horizontverengung verbunden.

Das Bevorzugen von Objektivität heutzutage trägt dazu bei, dass wir den Menschen als Subjekt weitgehend aus den Augen verloren haben. "Subjektiv" wird daher oft in abwertender Bedeutung gebraucht, nämlich für beliebig, ungenau, willkürlich, nur "gefühlsbetont". Die Wirklichkeit wurde dadurch völlig zu Unrecht auf etwas reduziert, das sich messen, genau berechnen, womöglich angreifen lässt.

Gerade der Wahn der Machbarkeit samt einer Überschätzung technischer Vorgänge ließ ein spezielles Ohnmachtsgefühl entstehen (Erich Fromm). Eine gemeinschaftliche Auseinandersetzung käme der Gesundheit insgesamt zugute, würde nämlich den Kontakt mit dem Leben herstellen, diesen intensivieren, brächte eine Klimaverbesserung insgesamt.

Seelenblindheit kann als Ergebnis eines psychosozialen Unvermögens, eines Beziehungsnotstands aufgefasst werden. Die Gefahr der Verzweiflung, aber ebenso die Chance eines Durchbruchs zur Mitmenschlichkeit kann damit verbunden sein. Wer ein freundliches Gesicht zeigt, wieder zu lächeln vermag, ist nicht mehr ganz ohne Optimismus.

Die Angst, seelisch für krank gehalten zu werden, veranlasst indessen Menschen allzu oft dazu, folgende gänzlich untaugliche Methoden anzuwenden:
- Manche von ihnen behaupten, an einer (noch unentdeckten) körperlichen Krankheit zu leiden.
- Andere führen ihren Zustand auf angebliche "Nervenschwäche" zurück, klagen über "Nervosität" oder sprechen von einem beständigen Stress.

- Wieder andere bedienen sich kurzerhand der Projektion, d.h. statt der inneren Ursache wird eine äußere für ihren Zustand verantwortlich gemacht.

Die "Blindheit" nimmt durch allerlei Ausreden und einen damit verbundenen Selbstbetrug immer mehr zu. Ein erster Schritt aus dem Dunkel wäre getan, wenn einem Menschen der Einfluss seines eingeengten Denkens und Wollens, einer bestimmten Schematisierung, mit einem Mal bewusst würde, etwa die Gier nach Genuss, Besitz, Macht, ein Kreisen um das eigene Ich, Gleichgültigkeit gegenüber der Not anderer.

Der seelisch Beeinträchtigte ist zwar kein Egoist, dennoch beschäftigt er sich viel zu sehr mit sich selber. Weil er nicht mit dem Herzen zu sehen vermag, sieht er sich unentwegt nur in seinem Pessimismus bestätigt.

Einsicht und Weitblick gewinnen

Der gut angepasste Durchschnittsmensch ist in psychosozialer Hinsicht oft wesentlich kränker als ein Neurotiker (E. Fromm). Dieser bekommt nämlich seine Fehlorientierung selber äußerst schmerzlich zu spüren, jener dagegen fügt seinen Mitmenschen oft rücksichtslos Schmerzen zu, so dass man ihm schließlich ausweicht, ihn ebenfalls im Stich lässt. Gesellschaftliche Anonymität und Sterilität scheinen heutzutage auf eine allgemeine Distanzneigung hinzudeuten.

Nicht so sehr das Ergebnis einer neuen Art des Sehens wäre bedeutungsvoll, sondern vor allem die dadurch erzielte emotionale Flexibilisierung. Für den Helfer, falls es ihn gibt, sind damit ebenfalls ganz entscheidende Forderungen verbunden. Vor allem darf er sich von einem "bösen Blick", der in Wirklichkeit oft nur Angst verrät, nicht abschrecken lassen.

Als äußerst kurzsichtig und daher kontraproduktiv müssten folgende Verhaltensweisen bezeichnet werden:

- Sich selbstherrlich eine diagnostische Aussage anmaßen, die womöglich stigmatisierend wirkt (übrigens kommt auch im Rahmen der Psychotherapie einer Diagnose nicht annähernd die Bedeutung zu, wie das in der Organmedizin der Fall ist).
- Mittel oder Methoden wärmstens empfehlen, womöglich gar aufdrängen, die einem selber einst

(unter ganz anderen Umständen) angeblich "so gut getan" haben.

- Gute Ratschläge" erteilen (wie eine Briefkastentante in einer Boulevardzeitung), dadurch womöglich dem Leidenden eine Entscheidung "abnehmen", ihn in Wirklichkeit schamlos bevormunden.

- Jemandem sein Leiden "ausreden" wollen, es zuvor bagatellisieren, damit völlige Verständnislosigkeit bekunden, welche die Not des Alleinseins noch viel drückender erscheinen lässt.

An die Stelle eines solchen leichtfertigen, daher unverantwortlichen Gehabes hätte Einfühlung zu treten. Wer die Welt mit den Augen des anderen zu sehen versucht, sich in dessen Lage versetzt, mit ihm identifiziert, weiß um die Not des Alleinseins. Er kann zu deren Überwindung zumindest beitragen, eine Unterstützung bieten – nicht mehr, aber auch nicht weniger.

Ein heutiger Entsolidarisierungstrend (der angeblich "gesunde Egoismus", verderbliche Sprüche wie: "Jeder ist sich selbst der Nächste"...) ist auf Vereinzelung ausgerichtet. Eine solche wirkt immer überfordernd, denn eine notwendige Energiezufuhr fällt für den davon betroffenen Menschen weg. Es drohen ihm dann Erschöpfung, ein völliges "Ausbrennen", Sinnlosigkeitsgefühle, die totale Aussichtslosigkeit samt ganz spezifischen Reaktionen seines Organismus. Man behauptet insgeheim noch (nicht völlig zu Unrecht), er habe eine negative Ausstrahlung, meidet daher seine Nähe.

Die erste und wichtigste These lautet daher: Alleinsein ist dem Menschen nicht angemessen. Wenn etwas seiner Natur tatsächlich widerspricht, so ist es dies und nichts anderes. Die Natur bleibt ihm nämlich das schuldig, was alle anderen Lebewesen im Dasein erhält, eine Sicherung, die er nur in mitmenschlichem Vertrauen zu gewinnen vermag.

Einer, der sich als Helfer ernstlich engagiert, setzt diese Einsicht nach Kräften in die Tat um. Das gilt übrigens auch für den, der eine Unterstützung willig annimmt und dabei auf bisheriges Abstandhalten verzichtet. Eine besondere Wohltat erweist einem Ich-Fixierten, wer diesem eine Ablenkung verschafft, dadurch sein Interesse weckt, zu einem Perspektivewechsel verhilft. Auch hier gilt, dass vier Augen mehr sehen als zwei.

Es erfolgt dadurch notwendigerweise eine entscheidende Umstellung – von der bisherigen Einseitigkeit hin zur Wechselseitigkeit. Wer sich helfen lässt, bleibt dabei keineswegs passiv, er ist zu einer Zusammenarbeit bereit. Andernfalls würde der Helfer bloß ausgenützt, womöglich in die seelische Konfusion hineingezogen. Dann gäbe es für beide weder Einsicht, noch einen Weitblick, nur zunehmend Verluste.

Ausdrücklich ist hier die "Alltagsneurose" zu erwähnen (auf sie bin ich in meinem Buch "Selber Entscheidungen treffen" näher eingegangen). Sie zeichnet sich hauptsächlich durch Teilnahmslosigkeit aus. Im Anschluss an Adler ist in meinem Buch von "gefrorener Bewegung" die Rede. Ein resignativer Zug ist damit bezeichnet, zugleich ein Vitalitätsmangel.

Der Blick ins Gesicht so manches Zeitgenossen zeigt ziemlich deutlich, was damit gemeint ist. Es hat oftmals ganz und gar den Anschein, als ob viele Menschen sich von eigenem Entscheiden ausgeschlossen fühlten, ohne zu bemerken, dass sie sich selber ausschließen. Bei derartigen Zuständen überwiegt dann meist eine freudlose Routine. Arbeits- und Liebesfähigkeit sind (auf den ersten Blick) zwar nicht unmittelbar gefährdet. Dennoch gibt es in einem solchen Leben keine Höhepunkte, keine Überraschung, keine kreativen Impulse mehr. "Es läuft alles wie auf Schienen". Gerade diesbezüglich müsste ein Hilfsangebot gemacht werden.

Ein solcher Mensch wäre dann mitzunehmen: zu einem Ausflug ins Grüne, auf eine Reise, zu einem Ausstellungsbesuch. Eine Einladung, Gastfreundschaft, das Veranstalten eines Festes, derlei könnte zumindest als Angebote betrachtet werden. Ob es dann vielleicht doch ein dankbares Lächeln gibt und die Miene sich allmählich aufhellt, ist geduldig abzuwarten.

Wenn es schließlich heißt, endlich sei man seinem "Schneckenhaus" entronnen, hat sich ein hilfreiches Werk als Erfolg erwiesen. Der Helfer muss hellhörig sein, auch zwischen den Zeilen lesen können: Ein Nein kann auch Ja bedeuten. Die Ablehnung wäre dann eine Art Echtheitsprobe, welche durch Beharrlichkeit (nicht jedoch Zudringlichkeit) erfolgreich bestanden wird.

Den Stillstand beenden

Jede Wahrnehmung erfolgt zunächst selektiv. Die Erwartungshaltung nimmt darauf Einfluss, "färbt" das Ergebnis. Dasselbe trifft auf bisherige Erfahrungen zu. Ein Stillstand trotz ständigen Wiederholens kommt durch die "tendenziöse Wahrnehmung" zustande. Sie ist als Charakteristikum der Neurose anzusehen und weitgehend durch Sicherungsmechanismen bestimmt und geleitet (A. Adler). Um einer Widerlegung von Vorurteilen aus dem Weg zu gehen, wird Abstand gehalten. Der gemeinsame Austausch von Eindrücken würde anderseits belebend wirken, endlich etwas in Gang bringen.

Aber erst ein In-Berührung-Kommen mit dem Unbewussten vermag wirklich Abhilfe zu schaffen. Durch die Analyse von Traum, Fehlleistung und neurotischem Symptom versucht die Tiefenpsychologie nach dem Unbewussten zu fahnden, dessen Bildersprache zu enträtseln, auch den körperlichen Ausdruck von daher zu deuten (A. Lowen). Verborgene Absichten und Ziele, vor allem Hemmungen, werden auf eine solche Weise zugänglich, aber auch korrigierbar.

Geringschätzig bis vorwurfsvoll klingt die Behauptung, jemand bilde sich sein Leiden bloß ein, er habe keinen ersichtlichen Grund, unglücklich oder verstimmt zu sein. Die Annahme, dass ein inneres Bild – von sich selber wie auch von der Umwelt – somit eine "Einbildung", Seelenqualen erzeugt, ist durchaus zutreffend, nur der Vorwurf ist es nicht.

Nach tiefenpsychologischer Auffassung wäre erforderlich, den Entstehungsbedingungen eines starren Leitbildes nachzugehen. Besondere Beachtung verdienen dabei Eindrücke mitsamt deren Deutung in früher Kindheit, ob damit produktive oder destruktive Kräfte verbunden waren, ob mitmenschliche Offenheit oder eine abwehrende Haltung einst eingeübt worden ist. Unsere Sehweise hier und heute samt deren Ergebnissen kann darüber hinreichend Aufschluss geben.

"Die Wahrnehmung ist nie mit einem fotografischen Apparat vergleichbar. Sie enthält immer auch etwas von der Eigenart des Menschen. Nicht alles, was man sieht, nimmt man auch wahr, und wenn man zwei Menschen, die dasselbe Bild erblickt haben, nach ihrer Wahrnehmung fragt, kann man die verschiedensten Antworten erhalten" (A. Adler).

Erste Eindrücke haben in jedem Menschen nachhaltige Spuren hinterlassen. Seelenblindheit ist durch einen Zwang, die damit verknüpften negativen Gefühle verdrängen, diese gleichsam ausblenden zu müssen, grundgelegt worden. Das Routineverhalten im Alltag wurzelt ebenfalls hier, eine geisttötende Gewohnheit, unter Umständen in Form eines neurotischen Wiederholungszwangs.

Eine Erste Hilfe im wahrsten Sinn des Wortes bestünde im grundsätzlichen Verzicht auf derartige "pädagogische" Unterdrückungsmaßnahmen und Disziplinierungstechniken. Im Falle von Psychosen, Neurosen und anderen seelische bedingten

Krankheitszuständen wäre ebenfalls Vorbeugen besser als Heilen. Auch im späteren Leben dürften Menschen (etwa im Beruf) keineswegs zur Identifizierung mit einer präzise funktionierenden Maschine gezwungen werden. Hinter der Behauptung, menschliches Verhalten sei entweder das Resultat äußerer Reize oder aber durch Triebe gesteuert, stecken allemal unlautere Manipulationsabsichten.

Wer sich einer solchen Zweckbehauptung blindlings unterwirft, büßt die Verbindung mit dem Leben ein. Er verliert damit seine Handlungs- und Selbststeuerungsfähigkeit. In weit höherem Maß wirkt das Empfinden, Verhältnissen (technischen Prozessen, dem bürokratischen System, bestimmten Spielregeln, der Bewertung durch das soziale Umfeld) gänzlich hilflos ausgeliefert zu sein, an einer seelischen Verkrüppelung mit als sog. Schicksalsschläge.

Die schädlichsten Folgen zeitigt Anonymität des modernen Menschen, seine Beziehungslosigkeit, vor allem, wenn von Anfang des Lebens an sowohl Selbstbehauptung als auch soziale Kontaktnahme kurzerhand "ausgeschaltet" war.

Stichworte

Tiefenpsychologie: Sämtliche Richtungen, die sich mit der unbewussten Dynamik des Seelenlebens befassen und auf das Werk von S.Freud (†1939) zurückgehen. Neben dessen Psychoanalyse zählt die Individualpsychologie von A. Adler (†1937) und die Analytische Psychologie des C. G. Jung (†1961) zu den klassischen Schulen. Andere Vertreter bekunden auf dieser Grundlage zum Teil auch unterschiedliche Auffassungen: E. H. Erikson, E. Fromm, H. S. Sullivan, K. Horney, C. R. Rogers, H. Schultz-Henke, H. E. Richter.

Unbewusstes: Eine Dimension des Psychischen, die unserem Wissen z.T. infolge von Verdrängung entzogen ist. Es handelt sich dabei aber um kein "Kellergewölbe der Seele". Wir haben hier nicht räumlich, vielmehr zeitlich-lebensgeschichtlich zu denken – als ein Fortwirken kindlicher Erlebnisse bzw. eine Beeinträchtigung im Erwachsenenalter von da her. Freud betonte den biologischen Anteil (ein "Triebschicksal"), Adler den soziologischen, daneben die Gefühle, vor allem die Selbsteinschätzung (eine Minderwertigkeit bzw. Zugehörigkeit zur Gemeinschaft betreffend). Jung spricht vom kollektiven Unbewussten und dem Einfluss der Archetypen.

Verdrängung: Sie gilt vitalen Antrieben und Bedürfnissen, deren Ausleben von der Umwelt des Kindes mit Liebesentzug bestraft wurde bzw. bedroht war. Die in der Frühkindheit permanent unterdrückten Lebensäußerungen finden in einem neurotischen Arrangement ihren Ausdruck. Im späteren Leben ist die Verdrängung weitgehend mit den Folgen eines Anpassungszwanges gleich zu setzen.

Der Stillstand findet bereits seine Überwindung durch eine ermutigende Erwartungshaltung. A. Adler beendete das Gespräch mit einem "schwer erziehbaren" Zwölfjährigen durch die Worte: "Du musst mir helfen! Kann ich mich auf dich verlassen?" Darin wird ganz deutlich, welche wichtige Funktion dem Vertrauen zukommt, außerdem, dass es sich um eine Zusammenarbeit, kein einseitiges Vorgehen handelt.

Ein derartiger Aktivierungsimpuls kann gerade im Alltag sehr gute Dienste leisten: als freundliche Einladung und Anregung, sich für andere nützlich zu machen. An einem bisherigen "Krankheitsgewinn" wird dann möglicherweise nicht mehr länger mit solcher Inbrunst festgehalten. Der "Leidensdruck" ist anderseits mit Stillstand weitgehend identisch.

Ein ganz wichtiger Aspekt der Individualpsychologie ist hierzu anzuführen: Es kommt viel weniger darauf an, was einer mitbekommen hat, sehr wohl aber darauf, welchen Gebrauch er davon zu machen gewillt ist, ob Selbsterhöhung oder aber ein Sich-nützlich-Machen als Beweggrund zum Einsatz gelangt. Letzteres hätte geradezu als eine Art "Blindenheilung" zu gelten. Diese setzt im Allgemeinen ein entsprechendes Engagement voraus.

Zusammengehörigkeit einüben

Spezialisierung auf wissenschaftlichem, vor allem technischem Gebiet ist vielfach durch den Verlust von Zusammenhängen erkauft. Mit dem Überblick geht aber auch die dynamische Einheit und Ganzheit des Menschen selber verloren, ist zumindest durch ein mechanistisches Leitbild bedroht. Anerkennung würde im Gegensatz dazu ein soziales Ergänzungsverhältnis fordern, Partnerschaft, eine Beziehung der "Teile" betreffend, nicht bloß deren Ansammlung, wie dies in der Masse der Fall ist. Ein bestimmtes Bezugs-System wäre für Gesundheit und Wohlbefinden des Menschen unabdingbar, dessen Störbarkeit mit jeder Überbetonung und Einseitigkeit gleich zu setzen.

Wir verfügen heute über immer mehr Kenntnisse von immer weniger Sachverhalten. Dadurch erhält ein lediglich auf Abstraktionsfähigkeit und Rationalität reduziertes Bewusstsein gegenüber dem Unbewussten bzw. den Gefühlen ein ungesundes Übergewicht. Die Person ist dann Reizen und anderen Antriebskräften ziemlich wehrlos ausgeliefert.

Angesichts solcher bedrückender Erscheinungen im Erwachsenenleben bedürften kindliche Kreativität und Spontaneität als Ausdruck der Zugehörigkeit zum Ganzen einer besonderen Wertschätzung und Bekräftigung. Der Verlust wird ganz deutlich, wenn wir die Zweckfreiheit des Spiels von Kindern dem späteren (verkrampften) Glücksspiel Erwachsener samt hartnäckigem Gewinnstreben gegenüber stellen.

Die äußere Entfremdung in Form von Unanschau-
lichkeit findet im Menschen selber ihre unheilvolle
Fortsetzung, und zwar durch Zerfall bzw. Gespaltensein der:

- Körper-Geist-Einheit (in Form eines zunehmend
  passiven Zustands)
- Gemeinschaftsbeziehung (infolge von Entwurzelung, Entfremdung, Gleichgültigkeit)
- Lebensgeschichte (eine neurotische Zeitlosig-
  keit betreffend).

Der unbewältigten Vergangenheit (einer Katastro-
phen-Kindheit) entspricht dann begreiflicherweise
die Angst vor der Zukunft. Wer ganz im Heute leben, sich dabei "nichts entgehen lassen" will, geht
unweigerlich an seinem Nächsten achtlos vorbei.
Durch das Fehlen sozialer Bindungen gerät aber
auch das Gleichgewicht im Einzelnen selber in
Verlust. Am destruktivsten wirkt sich dabei die Absonderung des Fühlens (in seiner ursprünglichen
Intentionalität) vom Denken und Wollen aus.
Mit spontaner Hilfe ist nur dann zu rechnen, wenn
der Bedürftige und sein Gegenüber ein gewisses
Maß an Aufgeschlossenheit für einander aufbrin-
gen. Auf Seiten dessen, der sich als Helfer eignet,
kann ebenfalls eine verhängnisvolle Seelenblindheit gegeben sein. Sie besteht aus Zurückhaltung,
völliger Ahnungslosigkeit, einer Scheu davor, in
fremde Probleme "hineingezogen" zu werden.
Einigermaßen blind und verständnislos reagiert
meist auch die mediale Berichterstattung auf seelische "Unfälle". Wir werden zwar ausführlich über
Fakten in Kenntnis gesetzt, aber hinsichtlich Ent-

stehung und Hintergründen völlig im Dunkeln gelassen. Selbst die Psychologie ist von quantifizierendem Denken nicht verschont geblieben. Ein mechanistisches Menschenbild ergab im 19. Jahrhundert eine "Psychologie ohne Seele".

Man setzte damals körperliche Vorgänge und psychische Funktionen kurzerhand gleich, statt auf deren gegenseitiges Bedingtsein aufmerksam zu werden. Im Behaviorismus, der sog. Verhaltenspsychologie, hat eine solche verhängnisvolle Reduktion eine höchst unliebsame Fortsetzung gefunden.

Erst mit der Entdeckung des Unbewussten durch Sigmund Freud, hier wieder von Krankheiten, die keine physischen, wohl aber seelische Ursachen haben, begann die Überwindung eines psychologischen Materialismus. Ganzheitspsychologie und Humanistische Psychologie haben die Wende zum Subjekt weiter geführt. In Auffassungen, wonach menschliches Verhalten reizgesteuert, somit reaktiver Natur ist, konnte sich dagegen der alte Irrtum weiterhin behaupten, mit ihm gesellschaftspolitische Beeinflussungsabsichten.

Durch Fortbestehen eines antiquierten Familienmodells droht zunehmend ein gesamtgesellschaftlicher Zerfall. Menschenwürdige, psychohygienisch akzeptable Formen des Zusammenlebens weisen heute keine hierarchisch-patriarchalische Struktur mehr auf, sondern grundsätzlich eine partnerschaftliche. An die Stelle einstiger Gehorsamsforderungen hätten Solidarität, Mitverantwortung und ein unbedingtes Geltenlassen von Anderssein zu treten.

"Es wird immer gefährlicher und am Ende verhängnisvoll werden, wenn man Jugendliche nach
wie vor dazu zwingen wollte, gewisse durch die
Ausbildungssituation unvermeidlichen Einschränkungen ihrer sozialen Selbstentfaltung nicht freiwillig hinzunehmen, sondern gewissermaßen als
`Kindespflicht` zu absolvieren. So als wären diese
Einschränkungen das eigentlich Natürliche – und
nicht das höchst Unnatürliche, was sie tatsächlich
sind. Zu hoffen bleibt, dass viele Eltern zur eigenen Entlastung einsehen lernen, wie viel Gewinn
sie davon haben können, ihren Kindern frühzeitig
eine ebenbürtige Partnerschaft anzubieten" (H.E.
Richter).

Die Zunahme von Psychosen, aller möglicher Formen der Sucht, Soziopathien, von Neurosen bis
hin zur vielbeklagten Stressanfälligkeit erfolgt
heute keineswegs rein zufällig. Es handelt sich
vielmehr um ein ernst zu nehmendes Kriterium
mangelnder Einfühlung, am Ende gar obrigkeitli-
cher Interessen an seelischer Deformation.
Wer hier verharmlosend von "bedauernswerten
Einzelfällen" spricht, lässt die eigentlichen Entstehungsbedingungen geflissentlich außer Acht, hat
offenbar etwas zu verbergen.

Eine dreifache "Blindheit" müsste zugunsten ge-
sundheitsfördernder Lebensumstände schrittweise überwunden werden:
• Gleichgültigkeit und Rücksichtslosigkeit im Rahmen der gesellschaftlichen Praxis (beginnend
  mit den Umgangsformen)

- eine Gleichsetzung beängstigender innerer "Bilder", von bestimmten Vorstellungen und allerlei größenwahnsinniger Fiktionen mit der Realität
- die illusionäre Erwartung, auch das Seelenleben sei durch bestimmte Techniken ohne weiteres reparierbar.

Unabhängig von behutsamer Einsichtnahme in zerstörte innere und äußere Zusammenhänge, ein daraus hervorgehendes Unvermögen, am Leben aktiv teil zu haben, Partnerschaft zu verwirklichen, ist keine erste, noch irgend eine andere Hilfe zu erwarten. Dem Schmerz, gegen den sich Menschen berechtigtermaßen zur Wehr setzen, liegt immer eine Hoffnung auf Überwindbarkeit der negativen Einflüsse zugrunde.

Im etwaigen Hilferuf bekundet sich oft der letzte Rest an Vertrauen. Damit würde vorerst der Notleidende dem potentiellen Helfer aber ein äußerst wertvolles Geschenk machen. Von den körperlich Blinden, die über eine besondere Sensibilität, Wachheit und Intuition verfügen, können wir übrigens sehr viel lernen, und zwar in Bezug auf Überwindung einer Seelenblindheit. Immerhin ist von ihr heute jeder mehr oder weniger betroffen.

2. HELFEN – WANN UND WIE?

Die Frage der Zeit, aber ebenso der Art und Weise spielt hier mit Sicherheit eine wichtige Rolle. Diesbezüglich kann durchaus zum Vergleich an die Situation eines Unfallopfers (wenn auch ohne die dortigen spektakulären äußeren Umstände) gedacht werden. Aus Gründen, die noch zu erörtern sind, fällt vielen Menschen Hilfsbereitschaft im Falle von Seelennot aber wesentlich schwerer als bei körperlichem Ungemach.

Nicht immer resultiert die Distanz aber aus einer egoistischen Grundhaltung. Sie kann von einem anerzogenen Fremdheitsgefühl oder aber der Angst, "etwas falsch zu machen", herrühren. Dann gibt es Verzögerungen, Unsicherheiten, vielleicht auch so etwas wie ein Übergreifen auf andere (infolge von latenter Anfälligkeit). Auf Durchschauenwollen des Mitmenschen (aus Neugier...) wäre bei alledem grundsätzlich zu verzichten. Dieser soll echte Zuwendung verspüren, nichts weiter.

Je rascher und sicherer in der Praxis Seelenhilfe geleistet werden soll, weil vielleicht echte Lebensgefahr gegeben oder der Schmerz unerträglich geworden ist, umso überlegter und ausführlicher müsste auch eine theoretische Orientierung beschaffen sein. Von "angeborener Menschenkenntnis" oder einem "psychotherapeutischen Naturtalent" ist im Notfall mehr Schaden als Nutzen zu erwarten.

Vertraut ist den meisten Menschen das Bedürfnis, sich aussprechen zu können, wenn man unter innerem Druck steht. Eine Widerlegung des dabei

Vorgebrachten wäre nicht hilfreich. Oft heißt es dann enttäuscht: "Du willst mich einfach nicht verstehen". Nicht Argumente sind hier entscheidend, sondern die gefühlsmäßige Übereinstimmung. Das Bedauern, man habe leider keine Zeit, kann beim Notleidenden unter Umständen unliebsame Kindheitserinnerungen wach rufen, abgesehen von der Wut über einen Unmenschen.

Die häufige Frage: "Was tut man, wenn..." (jemand in heillosen Zorn oder tiefe Traurigkeit geraten ist), wurde falsch und ohne echte Teilhabe an der seelischen Verfassung des Betroffenen gestellt – so, als ob eine praktikable Lösung unabhängig von der konkreten Person und ohne Rücksicht auf eine hoffentlich vorhandene Beziehung denkbar wäre.

Der Zustand der Hilflosigkeit berechtigt außerdem keinen dazu, seinen Mitmenschen bedenkenlos als Objekt zu "behandeln". Die angebliche gute Absicht ändert daran nichts. Ein Helfer mit solchen im Grunde fehlkompensatorischen Ambitionen bleibt notwendigerweise selber hilflos, gerät schließlich in ernstliche Schwierigkeiten (W. Schmidbauer).

Ein dreifacher Unterschied gegenüber der Situation bei einem Unfall zeichnet sich hier ziemlich deutlich ab. Der psychische Konflikt fordert jedenfalls:

• Rücksichtnahme auf die jeweilige Verfassung des Betroffenen (wohlgemerkt: ohne ein wie immer geartetes Urteil darüber).

- Ebenso bedarf es der Akzeptanz gegenüber dessen persönlicher Lebenseinstellung – infolge seiner bisherigen Lerngeschichte.
- Eine Hilfe zur Selbsthilfe wäre anzubieten, jedes Überrumpeln oder Bevormunden ist dagegen ganz und gar unzulässig.

Wenn das allmähliche Versinken in einer Psychose (schwerer Geistes- oder Gemütskrankheit) drohen sollte und auch dem Laien im Verhalten eines anderen Menschen beängstigende Veränderungen nicht verborgen bleiben, kann "erste Hilfe" einzig und allein darin bestehen, dass ein Facharzt (Psychiater) herangezogen wird. In dieser Schrift befassen wir uns allerdings grundsätzlich mit weit weniger gravierenden Problemen.

Ob rein medizinische Maßnahmen einen gefühlsmäßigen Kontakt zum Patienten erfordern, dadurch die Diagnose wesentlich präziser ausfällt oder eine Operation besser gelingt, soll hier nicht erörtert werden, obwohl diese Frage durchaus Beachtung verdient. Ohne die Bereitschaft zu emotionalem Engagement, echtem Mitgefühl, jedenfalls keinem herablassenden "Mitleid", ist der Seelennot mit Sicherheit nicht beizukommen, wahrscheinlich einer körperlichen Krankheit auch nicht. Das hätte auch der Mediziner – überlastet oder nicht – unbedingt zu berücksichtigen.

Ahnungslosigkeit – kein Zufall

Fortschritten auf dem naturwissenschaftlich-technischen Gebiet steht in unserer Zeit ein erschreckender Wissens-, vor allem Sensibilitätsmangel bezüglich seelischer Bedürfnisse und Notwendigkeiten gegenüber. Ratlossein und Desorientierung nehmen daher immer mehr zu. Die Unzulänglichkeit von Denken und Wollen, wenn Fühlen, Gestimmtsein, Affektivität, Herz, Zuneigung davon streng getrennt bleiben, ist als Begründung dafür bereits angeführt worden.

Eine weitere Ursache der immer mehr um sich greifenden seelischen Labilisierung stellen Entwurzelung und verbreitete Distanz dar. Ein Teufelskreis ist hier entstanden: Infolge mangelnder Geborgenheit im Kindesalter herrscht im späteren Leben Bindungsscheu vor. Die allzu rasche Bereitschaft, eheliche und familiäre Zusammengehörigkeiten aufzulösen, sich "scheiden" zu lassen, beraubt vor allem das Kind eines Milieus, in dem es vertrauen lernt.

Im Grunde besitzen wir aber, was das seelische Leid anlangt, viel mehr persönliche Erfahrung als das etwa hinsichtlich Knochenbrüchen oder Verbrennungen im Allgemeinen der Fall ist. Doch nicht allein Oberflächlichkeit oder Rücksichtslosigkeit trägt dazu bei, dass dieses Wissen bisher vielfach ungenutzt blieb. Keiner will nämlich mit seinem "Schatten", einem Dunkel im eigenen Inneren, konfrontiert werden. Eine Abstinenz dieser Art käme dann freilich dem Fortbestand einer unseligen Verdrängung gleich, gereicht auch einem potentiellen Helfer durchaus zum Schaden.

Auf folgende Problembereiche muss in diesem Zusammenhang besonders hingewiesen werden; sie erhalten nicht erst durch etwaige statistische Befunde ihr Gewicht:

- Eine wachsende Zahl von Ehescheidungen samt allem, was dazu geführt hat, deren üble Folgen für Kinder und Jugendliche hinzu genommen
- Fälle von Frauen- und Kindesmisshandlungen, eine Zunahme von Spannungen samt gelegentlicher spektakulärer Aggressionsabfuhr in allen Lebensbereichen (bis hin zu Mord und Amoklauf)
- Anwachsen der Kriminalität bei sinkendem Alter (Kinder unter 14 Jahren als polizeilich ermittelte Täter)
- Fluchttendenzen in Form von Alkoholismus, Rauschgiftsucht, Hinwendung zu Sekten und okkulten Praktiken, Ausreißen und Streunen Jugendlicher, Destruktivität unter Schülern
- das Mobbing im beruflichen Alltag, bösartige und hinterhältige Attacken gegen Mitarbeiter, die es schließlich "nicht mehr aushalten"
- Suizidhäufigkeit ohne ein deutliches Stadt-Land-Gefälle, zunehmende Selbstmordversuche bereits im Kindes- und Jugendalter.

Entgegen der verbreiteten Glorifizierung der Kindheit als der "schönsten Zeit des Lebens" fühlen die meisten Menschen sich während dieser frühen Jahre oft außerordentlich hilflos bis verzweifelt. Sie gerieten in Panik, empfanden große Angst, waren traurig, ohne dass davon jemand Kenntnis genommen hätte. Später konnte das Minderwertigkeitsgefühl nur höchst notdürftig kompensiert werden. Es vermochte in Form einer Neurose insgeheim weiter zu wirken.

Die meisten Emotionen mit vorwurfsvoll-aggressiver Note gegenüber Eltern und sonstigen Beziehungspersonen erfuhren nie eine Verbalisierung, sie sind bereits damals der Verdrängung anheim gefallen, damit die (oft kümmerliche, weil bedingungsweise) Zuwendung nicht aufs Spiel gesetzt wird. Je weniger das Kind einer solchen jemals sicher sein konnte, desto stärker fühlte es sich einem Zwang ausgesetzt, sind bei ihm Hemmungen entstanden. In einer Neurose dauern die "unerlaubten Gefühle" in konserviertem und symbolisiertem Zustand unverändert fort. Sie tragen gleichsam eine Maske.

Wenn bei einem Menschen Gefühlsreaktionen und äußerer Anlass sich allzu sehr unterscheiden (z.B. in Form von übermäßigem Ärger oder abgrundtiefer Traurigkeit), kann vermutet werden, dass die Auflehnung unbewusst auch den seinerzeitigen Beeinträchtigungen gilt. Mit Übertragungsneigungen ist dann jedenfalls immer wieder zu rechnen.

Bezüglich einer damit zusammenhängenden Verwechslung der Personen schafft vielleicht erst der therapeutische Kontakt wirksam Abhilfe. Es fällt aber selbst einem Laien nicht besonders schwer, die Konfliktanfälligkeit in einer Partnerschaft auf etwaige Kindheitstraumen zurück zu führen, hier zumindest eine gewisse Verbindung und ein

Nachwirken anzunehmen. Vorwürfe dürften daraus freilich niemandem gemacht werden.

"Es ist eine ganze Kunst entwickelt worden, Gefühle nicht erleben zu müssen. Denn ein Kind kann diese nur erleben, wenn eine Person da ist, die es mit diesen Gefühlen annimmt, es versteht, begleitet. Im ganzen späteren Leben dieses Menschen werden von ihm unbewusst Situationen inszeniert, in denen die damals vorhandenen Gefühle aufleben können, aber ohne dass der ursprüngliche Zusammenhang verständlich wird" (A.Miller).

Die in unserer Gesellschaft insgesamt geltende Erwartung, Emotionen (nicht nur die negativen) tunlichst zu verbergen oder, wie allenfalls ein Vorwurf lautet, "sich gefälligst nicht so gehen zu lassen", führte häufig dazu, dass während des ganzen weiteren Lebens dann die selbe unmenschlich-grausame Ordnung unangefochten in Geltung bleibt. Der geforderten "Selbstbeherrschung" entspricht eine lückenlose Kontrolle, die einer sich selbst gegenüber zur Anwendung bringt.
Doch immer mehr Menschen sind diesem System einfach nicht mehr gewachsen, worauf nicht nur soziopathische Erscheinungen hindeuten. Zustände, die mit dem technischen Ausdruck "Durchdrehen" bezeichnet werden, lassen in Wirklichkeit die fehlende gefühlsmäßige Stabilität deutlich werden. Vor allem Kinder und Jugendliche, aber ebenso Alte und Menschen in Krisen und Konfliktsituationen bekommen von Seiten ihrer Umgebung ein Nicht-wahr-haben-Wollen

von Gefühlen besonders schmerzlich-verletzend zu spüren.

Man lässt sie nicht nur im Stich, macht oft genug einen von ihnen zum Sündenbock für eigene uneingestandene Schwächen, Fehler, Versäumnisse, glaubt, es sich leisten zu können und begeht damit ein schweres Unrecht. Bei Grausamkeiten gegenüber einer Ehegattin kann es sich beispielsweise um eine verspätete Rache an der eigenen Mutter handeln. Das Leitbild des Erfolgreichen darf keinerlei Gemütsbewegung aufweisen. Somit erweist es sich in hohem Maß als bruchgefährdet, ungesund, geradezu als ein ganz und gar unmenschliches Zerrbild.

Stichworte

Neurose: Sehr unterschiedlich wurde diese definiert und beschrieben (abgesehen von ihren verschiedenen Erscheinungsformen). Übereinstimmung herrscht aber bezüglich eines in ihr fortwirkenden Kindheitskonflikts. Freud machte die Unterdrückung sexueller und aggressiver Impulse für ihre Entstehung verantwortlich. Alfred Adler sieht darin vor allem einen Rückzug von der Gemeinschaft am Werk (unter Verwendung der Ja-aber-Formel).

Übertragung: Durch Erlebnisse mit Familienangehörigen hat der soziale Bezug eine besondere Prägung erhalten, die sich auch später auswirken kann. Äußerst störend macht sich eine diesbezügliche Tendenz bemerkbar, wenn der Fortbestand von (meist ambivalenten) Gefühlen, welche Eltern oder Geschwistern gegolten hatten, die gegenwärtige Lage verfälschen (z.B. gar nicht ein Ehepartner, sondern eine Mutter-Figur gesucht bzw. bekämpft wird).

Soziopathie: Der Ausdruck "Psychopath" (etwa für einen Exhibitionisten oder einen Pyromanen) ist heute aus dem Gebrauch gekommen, seit daraus ein Schimpfwort wurde. Abnormitäten, denen eine zwanghafte Note zueigen ist, mit negativen Auswirkungen für die soziale Umwelt, worin oft verspätete Rachegelüste enthalten sind, können als soziopathisch bezeichnet werden. In manchen Fällen mag es sich dabei um eine psychotisch-neurotische Mischform handeln.

Zu einem verkrampften Die-Augen-Verschließen vor dem Kind im Erwachsenen gesellt sich noch als weitere, gerade für unsere Zeit kennzeichnende Hemmung, und zwar auf Grund einer hohen Beeinflussbarkeit (z.b. durch die Wirtschaftswerbung, Moden, Schlagworte). Aber auch die Bereitschaft, sich (z.b. im Berufsleben, auf dem Arbeitsmarkt) einschüchtern zu lassen, muss hier genannt werden.

Je weniger Spontaneität sich ein Mensch zutraut, umso mehr ist er von diversen Trends abhängig. Selbst der Nonkonformist (ein sog. "Aussteiger") passt sich einem bestimmten Schema an. Für Jugendliche und deren Rituale auf Grund eines Modediktats gilt das ganz besonders. Derartige Neigungen lassen sich aber nicht nur auf gezielte Beeinflussungstechniken zurückführen, sie entsprechen haargenau der Angst vor Liebesentzug, die das Kleinkind einst verspürte. Der Jugendliche fürchtet sich davor, von der Gleichaltrigengruppe ebenfalls eine Ausgrenzung hinnehmen zu müssen.

Fortschrittsglauben und Rationalität können nicht darüber hinweg täuschen, dass viele Menschen aus den "Kinderschuhen" nie richtig herausgewachsen sind. Die Hilfe, die wir Kindern leisten, indem wir sie einfach Kinder sein lassen, nichts sonst, fernab von ehrgeizigen Ambitionen oder dem uneingestandenen Neid auf ihre Lebensfreude und Unkompliziertheit, würde schließlich auch dem verständnisvollen Erwachsenen zugute kommen, auf manche Seelenwunde bei ihm heilend einwirken.

Im richtigen Augenblick

Die Vorenthaltung von Mut durch Erschütterung des Selbstvertrauens in der Frühzeit des Lebens zieht häufig eine neurotische Lebensverunstaltung nach sich. Offenbar sind die üblichen "Erziehungstechniken" keineswegs in der Lage, seelische Gesundheit sicher zu stellen. Das Gegenteil dürfte ziemlich oft der Fall sein. Ein ähnlich lautendes Urteil ist über schulische "Lernstrategien" zu fällen.

Völlig unbeeindruckt von seelischen Zusammenbrüchen, außerdem der Zunahme irrationaler Grausamkeiten heutzutage wird in so mancher Familie an der Behauptung festgehalten, die Ohrfeige "im richtigen Augenblick" sei nützlich. Noch weniger pflegt man sich bezüglich der verheerenden Wirkung des Verwöhnens Rechenschaft zu geben. Einem Menschen, der sich ehemals in einem "goldenen Käfig" befunden hat, bleibt zumindest die Befähigung zu einer Partnerschaft versagt. Er strebt immerzu nach Selbstbewahrung, weil ihm Selbständigkeit nie wirklich zu Gebote stand.

Wem Mut und Selbstvertrauen fehlen, der meidet gerade das, was ihn aus seiner Not befreien könnte, nämlich den mitmenschlichen Kontakt – als ein "gebranntes Kind". Hierbei erfolgt fälschlich eine Verallgemeinerung. Der "Gegenmensch" misstraut anderen grundsätzlich, weil man ihm einst misstraut, zugleich echte Wertschätzung vorenthalten hat.

Für das vernachlässigte Kind gilt das in einer ganz besonderen Weise. Aus der negativen Primärerfahrung ist schließlich eine nicht minder verhängnisvolle Ich-Fixierung erwachsen, die sich mit einem Zwang zum Abstandhalten in den meisten Fällen eng verbindet. Auch paranoide Züge können sich dabei zeigen (ohne dass wir es deshalb auch schon mit einer Wahnerkrankung zu tun hätten).

"Immer hat er (der Neurotiker) recht und die anderen haben unrecht, während es im Leben gar nicht darum geht, recht zu haben, sondern darum, dass man seine Sache voran bringt und zur Förderung anderer beiträgt" (A. Adler). Zuneigung und Rechthaben schließen sich grundsätzlich aus. Ohne Liebe würden wir ständig auf der Stelle treten. Ein besseres Wissen könnte daran nichts ändern.

Zögern, Sich-nicht-entscheiden-Können, Ja-aber-Sagen, deutet darauf hin, dass ein zersetzendes Misstrauen unentwegt weiter wirkt, sich somit auch auf die Zukunft erstreckt, aber ebenso – mangels Sensibilität – auf die eigene Kraft. Rechthaben wird zu einem billigen Ersatz für Richtigmachen. Andere übertreffen, womöglich mit dem Kunstgriff der Entwertung, kann das personale Defizit aber niemals ausgleichen.
Der Frontalangriff auf die Rechthaberei, ein streng logisches Widerlegen, wäre übrigens nicht empfehlenswert, ein Ausdruck der Wertschätzung von sonstigen Qualitäten aber sehr wohl. Überhebliche Menschen machen es einem allerdings nicht

gerade leicht, für sie Sympathie zu empfinden und sie das spüren zu lassen.

Sämtliche tiefenpsychologische Schulen sind sich darin weitgehend einig, dass:
- schon in frühester Kindheit die emotionale Grundlage für das ganze weitere Leben erfolgt
- nicht bewältigte (oft auch ambivalente) Gefühle die Wurzel der Neurose bilden
- dem Gespräch – auf der Basis der Gleichwertigkeit – die Funktion einer echten Befreiung von innerem Zwang zukommen kann.

Etwas zu einfach würden wir es uns aber mit der Behauptung machen, alles seelische Elend sei ausschließlich durch die Eltern verursacht. Wenn den Kindern geholfen werden soll, müsste vorerst und daneben auch den Eltern geholfen werden. Durch Verunsicherung, ein Vorwürfemachen gelingt das wohl kaum. Eine böse Absicht soll niemandem unterstellt werden (das Gutmeinen garantiert allerdings noch nicht, dass der andere daraus einen Nutzen zieht).
Oftmals existiert tatsächlich so etwas wie eine neurotische Familientradition, die sich erst mittels selbstkritischer Auseinandersetzung beenden und außer Kraft setzen lässt. Der Außenstehende kann dazu vielleicht nur in sehr diskreter, eher indirekter Weise eine Anregung bieten. Es ist nicht auszuschließen, dass diese auf fruchtbaren Boden fällt.
Schuldgefühle sind keine geeignete Voraussetzung für ein Vertrauensverhältnis. Sie machten einerseits unterwürfig, können aber auch ganz

plötzlich in Aggression umschlagen. Indem Handlungsfähigkeit dadurch blockiert ist, nehmen die negativen Einflüsse weiterhin zu. Außerordentlich begünstigt werden diese durch ein Isoliertsein der Familie vom gesellschaftlichen Ganzen (H.E. Richter).

Oft sucht man (auch in diesem Fall) aus der Not fälschliche eine schätzenswerte Tugend zu machen, sich einer Besonderheit zu rühmen, die durchaus verzichtbar, wenn nicht sogar schädlich ist. Je weniger Privatideologien jemals artikuliert werden ("einer den haarstäubenden Unsinn offen auszusprechen wagt"), umso unfehlbarer leiten und beeinflussen sie meist das Verhalten der Angehörigen, oft bis in ihre Denkweisen und "heiligsten Überzeugungen" hinein.

Wechselseitigem Vertrauen, nicht strikter Einhaltung von Prinzipien, Regeln, obrigkeitlichen Ansprüchen, würde innere Sicherheit aller erwachsen, für keinen mehr als für den anderen. Die Anerkennung der personalen Eigenart eines jeden – völlig unabhängig von Alter, Geschlecht, Leistungsfähigkeit – bildet hierzu die notwendige Voraussetzung. Zum Unterschied von sonstigen Lebewesen fehlen dem Menschen sichernde Instinkte. Stabilisierend wirkt an deren Stelle einzig und allein bereitwillige Zusammenarbeit, und zwar ohne jedes ehrgeizige Vorrangstreben einzelner Personen.

Der günstigste Augenblick für eine Unterstützung in seelischer Not ist immer jener Zustand, wo sich – infolge einer Krise – die Erkenntnis einstellt: So wie bisher kann es nicht weiter gehen. Das erscheint auf den ersten Blick durchaus selbstverständlich, ist es aber nicht, aus zwei Gründen. Erstens muss sich der Helfer bewusst bleiben, dass von ihm keine Sachleistung, sondern eine persönliche Teilhabe verlangt ist; ein gewisses Maß an seelischer Stabilität ist dazu erforderlich. Zweitens wird das Unbewusste durch den Leidenszustand zugänglich, was aber auch ein Wiederaufleben der seinerzeitigen Frustrationen mit sich bringen kann. Es ist manchmal ein wenig so, als werde eine Geisterbeschwörung vorgenommen.

"Der Patient muss erkennen, dass seine Symptome Eigenproduktion sind. Er neigt nämlich dazu, über sie statt über ihre Voraussetzungen zu sprechen. Die richtige Antwort lautet: Nicht über Beschwerden klagen, sondern fragen, wodurch sie hervorgerufen sind" (E. Ringel).

Durch ein akzeptierendes Gespräch, welches zum Erleben des Alleinseins und außerdem quälender Unterlegenheit eine wünschenswerte Alternative bietet, kann eine "Korrektur des Lebensstils" (einer Art Vereinheitlichungsmodalität) eingeleitet werden, wie A. Adler versichert. Dieser vertritt die Ansicht, die Verinnerlichung eines gesellschaftlichen Vertikalschemas habe schädigend gewirkt. Zur Überwindung asozialer Vorurteile des Über- und Unterlegenseins trägt die Anerkennung der vollen Gleichwertigkeit der Gesprächspartner (trotz deren vielfältiger Andersartigkeiten) am meisten bei.
Es gibt anderseits keine objektive Richtigkeit des Augenblicks (womöglich durch eine Art Fieber-

messer ermittelbar), einzig eine subjektive. Einfühlung stellt Nähe zum Subjekt her, macht dadurch diesem seine Bewegungsfähigkeit fühlbar. Durch das Gespräch, in dem sich mit einem Mal Auswege abzeichnen, verliert Gewesenes seine suggestive, schicksalsbestimmende Wirkung. Daraus erwächst die psychohygienisch so bedeutungsvolle Forderung, auf "Hinunterschlucken" (z.b. von Demütigungen) ehestens zu verzichten. Mit spontanen Impulsen zwecks eigener Verarbeitungs- und Wandlungsfähigkeit ist dem in eine Sackgasse Geratenen wesentlich mehr geholfen als durch (besserwisserische) Ratschläge und genaue Handlungsanweisungen. Wer sich davor fürchtet, ein Rat- und Hilfesuchender könne nun an ihm für immer "hängen" bleiben, sollte das Risiko ruhig auf sich nehmen. Wenn er wirklich zu ermutigen vermochte, und es ihm dabei um das Wohl des Mitmenschen ging, nicht um seine eigene Ehre, muss er diesbezüglich nicht in Sorge sein.

Ein neues Ziel

Die Frage nach dem "wie" ist viel schwerer zu beantworten als jene nach dem geeigneten Zeitpunkt. Manche vermuten, Ablenkung sei das Beste. Dem ist durchaus zuzustimmen, wenn damit eine Horizonterweiterung in die Wege geleitet wird, nicht aber eine Verharmlosung beabsichtigt ist. Wieder andere halten einzig den Fachmann für kompetent und wollen sich "da nicht hinein ziehen" lassen. Dazu sei bemerkt: so "verrückt", wie meist angenommen, ist ein Neurotiker gar nicht.

Vorteilhaft wäre es freilich, wenn künftighin der Weg zum Psychiater, zu einem Psychotherapeuten oder gar nur in eine psychologische Beratungsstelle Menschen keine Stigmatisierung mehr brächten, sie sich nicht mehr "schief anschauen lassen" müssten – wegen der angeblichen Peinlichkeit. Niemand, der es bitter nötig hat, sollte sich der Fehleinschätzung beugen, mit seinen Problemen habe ein jeder "selber fertig zu werden". Wenn etwas tatsächlich peinlich ist, dann ist es in erster Linie ein solches Vorurteil.

Anderseits bedarf es einer realistischen Einschätzung der Lage: Kaum allen Therapiebedürftigen stehen professionelle Angebote in ausreichendem Maß zur Verfügung (nicht zuletzt aus Kostengründen). Vielleicht wäre deshalb die Revitalisierung eines psychologischen Hausverstands möglich und nötig. Oft genügt es aber wohl auch (völlig unwissenschaftlich ausgedrückt), wenn einer das Herz am rechten Fleckt hat.

Keine noch so fundierte Therapie vermag fehlende Mitmenschlichkeit auszugleichen. Gerade deren Ermangelung heutzutage macht eine weitreichende Ziel-Korrektur erforderlich. Es wäre wünschenswert, diesbezüglich nach einem "Nulldefizit" zu streben. Vor allem dürfte Erste Hilfe (vielleicht aus plötzlich aufwallender Rührung) nicht die einzige und letzte bleiben. Jeder ist zuweilen hilfsbedürftig, auch wenn er dies nicht immer in der gleichen Weise zu spüren bekommt.

Der Vergleich mit den wenigen, wenn auch oft lebenswichtigen Handgriffen, ehe ein Arzt am Unfallort eintrifft, stößt hier an eine Grenze: Nicht nur der Helfer, auch der Hilfsbedürftige müsste über viel weitreichendere Kenntnisse verfügen als das bei körperlichen Krankheiten im Allgemeinen der Fall ist. Wenn sich heute kaum jemand mehr passiv einer medizinischen Behandlung unterzieht, sollte Ähnliches eigentlich auch für sein psychisches Befinden Geltung haben.

Selbsterkenntnis und Selbsthilfe – mittels Korrektur eines bisherigen verfehlten oder eingeengten Lebensstils – gehören zusammen, sind eng mit einander verbunden, zugleich auch für den Gewinn neuer Lebenskraft unabdingbar.

Psychohygiene als ein umfassendes, keineswegs nur Fachleuten vorbehaltenes Anliegen kann sich mit der Sorge und dem Aufwand, welche Menschen für die Erhaltung und Wiederherstellung körperlicher Gesundheit (etwa in Form von Fitnessmaßnahmen, Fastenkuren etc.) tätigen, keineswegs messen. Die Frage, "wie man das macht", ist richtig und zugleich falsch gestellt. Es geht dabei tatsächlich um eine Aktivität im Gegensatz zu blindem Reagieren.

Das "Machen" gilt einer ganz spezifischen Einflussnahme, genauer gesagt der Erweiterung des Beziehungshorizonts:

- Psychohygienisch von vorrangiger Bedeutung wäre Erziehung, wenn diese in der Lage ist, einer neurotischen Fehlentwicklung wirksam vorzubeugen.
- Jede Form der Ermutigung, durch welche die Verarbeitungsfähigkeit zunimmt, das Selbstbewusstsein eine Stärkung erfährt, wird diesem Anliegen ebenfalls gerecht.
- Das gilt vor allem für eine Krisen-Hilfe, die dringend erforderlich ist, sobald eine zumindest problemspezifische Ausweglosigkeit gegeben ist.

Selbstverwirklichung bliebe ein leeres, folgenloses Schlagwort, sofern Menschen viel häufiger als ihnen bewusst ist, irrationalen (infantilen) Impulsen Folge leisten – z.B. durch das Abbrechen vorhandener Zusammengehörigkeiten und sozialer Verpflichtungen. In höchstem Maß gefährdet und bedroht erweist sich ein demokratisches Gemeinwesen ohne eine echte Handlungs- und Entscheidungsfreiheit Einzelner.

Selbstkritisch wäre diesbezüglich festzustellen, dass der Übergang von Normalität zur Neurose oft fließend ist – so lange wir über unsere eigentlichen Ziele keine volle Klarheit gewonnen haben, uns bloß treiben lassen. Vor allem müsste in einer Konkurrenzgesellschaft die Frage gestellt werden, wer wirklich krank ist, einer, der fraglos den überfordernden Ansprüchen Folge leistet, oder ein anderer, der darunter leidet und um einen Ausweg bemüht ist. Zumindest der Übergang von Rationalität zu einer Rationalisierung (einer nachträglichen Erfindung angeblicher Ursachen) bleibt ebenfalls häufig fließend.

Den Leidensdruck sieht Freud mit einem neurotischen Wiederholungszwang eng verknüpft, durch welchen kindliche Ohnmacht im Erwachsenenleben fortdauert. Adler geht über eine kausale Betrachtung hinaus. Er betrachtet die Persönlichkeit als "zielgerichtete Einheit", bringt somit einen finalen Gesichtspunkt zur Geltung.

Wenn eine schädliche, auf Ich-Erhöhung bezogene Zielsetzung unkorrigiert fortbesteht, vermag eine bloße "Verhaltensmodifikation" selbstverständlich nichts ausrichten. Die vorhandene Vorliebe für Techniken bzw. ein Knopfdruckdenken wirkt hinsichtlich des Seelenlebens immer äußerst verhängnisvoll.

"Wenn man mich überzeugen könnte, dass mein konkretes Ziel schlecht gewählt ist, könnte ich mein Verhalten ändern. Mit der Wandlung des Zieles werden sich nämlich auch die Denkweisen und Handlungen verwandeln...Nicht der Mangel selbst beeinträchtigt die geistigen Fähigkeiten, sondern die Haltung zu diesem Mangel" (A. Adler).

Durch ganz unterschiedliche Mittel kann ein und dasselbe Ziel angestrebt werden. Ohne neue Zielwahl, die eine Haltungsänderung mit einschließt, bleibt das neurotische Arrangement − sei es indi-

vidueller, sein es kollektiver (z.B. familiärer) Art –
unverändert.

Für den "Gegenmenschen" erscheint ausschließlich eine überlegene Position erstrebenswert. Gerade deshalb wird er aber zum Versager, bleibt zumindest hinter dem Leben und seinen Möglichkeiten zurück. Durch Kampfmaßnahmen büßt einer
den Kontakt mit der sozialen Umwelt ein, dies umso mehr, je stärker auch in ihr oftmals egoistische
"Ideale" dominieren, im Trend liegen, als etwas
Allgemeingültiges ausgegeben werden.

Eine produktive Neuorientierung, wie sie auch
Erich Fromm fordert, müsste als Aufbruch zum
Mitmenschen hin erfolgen. Dieses Ziel kann nur
durch ein attraktives Beziehungsangebot als er-
strebenswert betrachtet werden. Damit würde der
"Habenmodus", der nach Fromm einzig auf
Machtergreifung, Beraubung, Zerstückelung des
Ganzen samt einer Entwertung des Mitmenschen
zum handhabbaren Objekt abzielt, außer Kraft ge-
setzt.

3. WAS SCHADET, STATT ZU HELFEN

Manche Methoden, durch die einer sein äußeres oder inneres Gleichgewicht wieder herzustellen suchen, wirken oftmals ausgesprochen gesundheitsschädlich. Die "Vergiftung" nimmt durch sie spürbar zu, der "Bruch" vertieft sich. Als Begründung ist anzuführen: Wir haben allem Anschein nach viel zu wenig Kenntnis von heilenden Kräften in uns selber, greifen dann auf Mechanismen zurück, die vielleicht einst dem Kind (für den Augenblick) eine scheinbare Entlastung verschafft haben. Dessen übertriebene "Anhänglichkeit" war übrigens bloß vom eigenen Nutzen diktiert, sollte meist einem drohenden Liebesentzug zuvor kommen, galt gar nicht den meist selbstunsicheren (elterlichen) Autoritäten.

Wenn es von Eltern oder Geschwistern enttäuscht, durch sie gekränkt, erniedrigt wurde, unternahm das kleine Wesen Selbsttröstungsversuche – u.a. durch Einsatz folgender Mittel:
- Nahrung und Schlaf (und zwar im Übermaß)
- Phantasie (Vorstellung eigener Größe im Gegensatz zur tatsächlichen Kleinheit)
- Sich verstecken (das Aufsuchen irgend einer bergenden "Höhle")
- Trotzig sein (als Abwehr äußeren Zwanges)
- mutwillige Zerstörung (um sich stark zu fühlen, ohne dabei auf die Folgen zu achten)

- Sich abreagieren (etwa durch das Quälen von Tieren, die noch hilfloser sind).

Die große Ähnlichkeit der Maßnahmen, die auch von Erwachsenen im Notfall (ebenfalls nicht ohne schädliche Nebenwirkungen) Anwendung finden, tritt hier deutlich zutage. Ein Fixiertsein an frühkindliches Erleben bekundet sich darin, zugleich der fortdauernde Mangel einer Sicherheit im Vertrauen. Sowohl für die passiven als auch für die aktiven, aggressiv-feindseligen "Versuche" hat das Geltung.

Eine Tendenz des Rückzugs vom Leben in seiner ganzen Vielfalt ist ihnen allesamt zu eigen, somit ein nekrophiler Grundzug (E. Fromm). Nicht nur für "Konsumenten" (von Nahrung, Alkohol, Rauschgift, Tabletten...) hat Geltung: Abwehrmaßnahmen (Sicherheitsmechanismen) schlagen als neurotische Kunstgriffe immer fehl, und zwar infolge mangelnder Radikalität. Sie dringen nicht bis zu den unbewussten Wurzeln vor.

Jemand meinte einmal sehr treffend: "Eine Narkose ohne nachfolgende Operation bleibt wirkungslos". Gesundheit würde eine Zeitlang lediglich vorgetäuscht. Tatsächlich handelt es sich um eine Flucht. Durch sie können wir dem Übel im eigenen Inneren keinesfalls entkommen. Der eine flüchtet sich ins Vergnügen und wird von Langeweile heimgesucht, ein anderer in die Arbeit und erleidet schließlich einen Zusammenbruch.

Häufig klagen neurotisch Beeinträchtigte: "Es bleibt immer alles gleich, niemals ändert sich etwas". Die innere, oft aber auch die äußere Bewegungsfähigkeit weist in diesem Fall eine permanente Störung auf. Nach Adler erhält das ganze Leben dann etwas "Gebremstes". Eine notwendige Veränderung im Lauf der Zeit (Entwicklung) ist blockiert. An ihre Stelle treten endlose Variationen ein und desselben unproduktiven (Grübel-)Themas. Die zunehmende Einseitigkeit ist übrigens mit sich verringernder Entscheidungsfreiheit nahezu identisch.

Ein Geschwindigkeitsrausch so mancher motorisierten Verkehrsteilnehmer – als erbärmlicher Ersatz für Bewegung – kann zur Veranschaulichung dienen. Es handelt sich um eine Art Betäubung, die zugleich eine aggressive Note aufweist. Die Technik trifft keine Schuld, wenn jemand sie zum Götzen macht. Fasziniertsein von mechanischen Prozessen im Gegensatz zu Wachstum und Bewegung führt Fromm übrigens auf eine gefährliche charakterliche Deformation zurück.

"Die Neigung, den technischen Fortschritt als höchsten Wert anzuerkennen, hängt nicht nur mit unserer Überbetonung des Intellekts zusammen, sondern mit der Begeisterung für alles von Menschenhand Gemachte. Ein Angezogenwerden von Nichtlebendigem führt zur Gleichgültigkeit gegenüber dem Leben, jedenfalls nicht zur Ehrfurcht vor dem Leben" (E.Fromm).

Es bedarf dabei keineswegs der Annahme eines Aggressions- oder gar Todestriebes, um über die lebensfeindlichen Tendenzen in der Gegenwart Aufschluss zu erhalten. Die Technik-Vergötzung kann diesbezüglich bereits als Ergebnis einer verfehlten Kompensation betrachtet werden. Sie soll offenbar einen Ausgleich für eigenes Nicht-gewor-den-Sein, ein beschämendes personales Defizit, bieten.

In höchst aufschlussreicher Weise spricht Fromm von einer "inzestuösen Fixierung", einem Gebun-denbleiben an das, wo man herkommt (oftmals identisch mit einer Mutterneurose). Einem Trieb wären wir hilflos ausgeliefert, die Fehlorientierung dagegen lässt eine Korrektur zu, vorausgesetzt, jene wurde als solche in ihrer besonderen Des-truktivität richtig erkannt.

Angst an Stelle von Vertrauen bildet meist den "Nährboden" des auf den ersten Blick schlechthin Unverständlichen, nämlich der Lebensvernei-nung. Diese Haltung erzeugt Streitsucht, Neid, Übelwollen, Schadenfreude – oder zwischen Völ-kern blutige Kriege mit zahllosen Opfern. Allem Anschein nach sind im Unbewussten auch allerlei gefährliche Kräfte beheimatet, welche die Selbst-erhaltungsbestrebungen von da her an Wirksam-keit übertreffen.

Damit ist der eindeutige Beweis erbracht, dass wir den Menschen niemals als bloßes Naturwesen ansehen dürfen. Sämtlichen (wenn auch unbe-wusst) selbst herbeigeführten Katastrophen liegt jedenfalls ein Scheitern und Zerbrechen sozialer Kontakte, somit Entwurzelung zugrunde. Diesbe-zügliche Haltlosigkeit jemandem zum Vorwurf ma-chen, würde das Übel noch vergrößern und jede Hoffnung auf Überwindung zunichte machen.

Damit berühren wir zugleich die Situation des Kleinkindes, das sich allein gelassen fühlt, Gebor-genheit entbehren muss, vielleicht einem Tren-nungsschmerz hilflos ausgeliefert ist. Ihm bleibt keine andere Wahl als auf irgend eine Weise vor einer harten, grausamen Realität die Flucht zu ergreifen. Es muss sich dann (z.B. als Daumenlutscher) mit einem kläglichen Zusammenlebensersatz zufrieden geben.

In doppelter Weise mag diese Erkenntnis für den Erwachsenen äußerst peinlich wirken: als Vorwurf – der Vernachlässigung, von Kinderfeindlichkeit, ebenso aber auch als eine Aussage, die seine eigene infantile Verfassung charakterisiert. Wer sich einer solchen Einsicht feig entzieht, bleibt weiterhin an eine gefährliche Lebenslüge gebunden.

Der Fortbestand – sowohl positiver als auch entmutigender – Kindheitserlebnisse während des ganzen weiteren Lebens veranlasst uns dazu, das Unbewusste in erster Linie zeitlich-lebensgeschichtlich aufzufassen: als unentwegtes Weiterwirken eines primären Antriebes oder einer einstigen Hemmung.

Auf drei Formen der Flucht und damit eines Irrweges muss hier ganz besonders hingewiesen werden; gemeint sind:

- Ilusionen, das Bauen von "Luftschlössern", somit auch eine gänzlich unrealistische Zukunftsvorstellung
- Aggressionen, und zwar als Flucht nach vorne, ein Vorgang, der nicht etwa Stärke, lediglich Angst verrät
- Neurosen, durch welche ein Mensch auf Grund seines Nicht-gewachsen-Seins (im wahrsten Sinn des Wortes) sich seinen Lebensaufgaben beharrlich zu entziehen sucht.

Das von Kindheit an gestörte Verhältnis zur Zeit manifestiert sich in den genannten Fehlformen. Einer echten Problembewältigung wird dadurch aus dem Weg gegangen (der Narkose folgt keine Operation, wenn jemand immerzu bloß um Betäubungsmittel bemüht ist). Solche Menschen schieben vieles endlos vor sich her, neigen dazu, ja-aber zu sagen, können sich nie entscheiden oder sie treffen mit Sicherheit eine Fehlentscheidung (A. Adler).

Einzig der tiefe Schmerz, zumindest ein Sich-nicht-wohl-Fühlen, weist auf den grundlegenden Fehler in ihrer "Lebensrechnung" hin, d.h. auf etwas, das sich gar nicht berechnen, nur erfühlen lässt, und zwar im Sinne einer Kontaktnahme.

Ziemlich häufig, nicht nur im Falle neurotischen Beeinträchtigtseins, kommt es vor, dass individuelle Strebungen und Wünsche sich zu echten Bedürfnissen und dringenden Notwendigkeiten, welche das psychophysische Gleichgewicht sicherstellen würden, in eklatantem Widerspruch befinden. Jede Form einer Ersatzbefriedigung gehört hierher (der "Geschwindigkeitsrausch" ist schon genannt worden). Das ganze Suchtproblem (der Alkoholismus, die Drogenabhängigkeit) wurzelt hier.

Nicht etwa ein Trieb ist in diesem Fall blind, sondern der Geist. Etwas anders ausgedrückt: zwischen Bewusstsein und Unbewusstem hat sich eine verhängnisvolle Kluft aufgetan. Sie kennzeichnet zugleich den Abstand vom Leben als einer Wachstums- und Veränderungsdynamik. E. Fromm spricht in diesem Zusammenhang von einem "Spiel mit dem Tod", wenn Ruhe und Ordnung, in Wirklichkeit Erstarrungsformen, den lebendigen Strukturen vorgezogen werden, bürokratische Methoden den spontanen Entscheidungen, ein engherziges Kontrollieren dem Vertrauen.

Nach dieser Darstellung von Selbstschädigungstendenzen ist darauf hinzuweisen, wodurch (wenn auch in bester Absicht) einem Hilfesuchenden von außen Schaden zugefügt wird. Alles, was dessen passiven Zustand verstärkt oder auch nur aufrecht erhält, zählt dazu (z.B. manches lebhafte Bedauern). Man wird somit "Anhänglichkeit" niemals mit Liebe verwechseln und daher auch keinem parasitären Anklammern eifrig Vorschub leisten dürfen (womöglich aus purer Eitelkeit).

Auch der Notleidende hat keineswegs das Recht, einen anderen Menschen ganz für sich zu beanspruchen, so wenig Eltern auf ihre Kinder jemals einen Eigentumsanspruch erheben dürften. Aber auch diesen steht es nicht zu, sich Elternwünschen gleichsam zu "opfern", auf ihr Selbstsein dabei aus lauter erwarteter "Dankbarkeit" freiwillig Verzicht zu leisten.

Dass man in der Psychologie lange Zeit davon Abstand genommen hat, über Willens-Freiheit zu sprechen, statt dessen den Ausdruck "Motivation" bevorzugte, letztlich aber eine Determination meinte (Gelenktwerden – durch innere oder äußere Kräfte), hat wohl wesentlich mehr mit einem unredlichen Wunschdenken bestimmter Kreise als mit Wissen zu tun. Eine leidende (passive) Verfassung würde dadurch zum Normalzustand hochstilisiert, nachdem man einen Menschen zuvor seelisch gleichsam zum Krüppel geschlagen hat.

Alles, was in einem Betroffenen Mut, Selbstvertrauen, Aktivität, Einsatzbereitschaft, Interessen weckt, führt umgekehrt aus der Enge heraus, wirkt dynamisierend. Ermutigung als Zustimmung und Anerkennung soll nicht so sehr der einzelnen Leistung gelten, vielmehr der Person im Ganzen, insbesondere deren neuerlangter Bewegungsfähigkeit.

Überlegtermaßen sprechen wir hier nicht von Lob. Denn Lob und Tadel (analog dazu Lohn und Strafe) setzen stets ein autoritäres System voraus. Dieses ist unter allen Umständen schädlich und gänzlich verfehlt, wenn ein Mensch zur Selbständigkeit heranreifen, sich allmählich entwickelt, zu seiner personalen Identität gelangen soll.

Wer helfen will, darf keinesfalls den Anschein der Überlegenheit erwecken. Er darf sich aber auch nicht vor den Wagen eines Ich-Bezogenen spannen lassen. Ein Mitmensch hat er zu sein, nichts sonst. Dann findet er auch immer die richtigen Worte, den richtigen Ton. Er ist taktvoll, was etwas mit Berührung, aber ebenso erforderlichem Abstand zu tun hat.

4. WENN DER LEBENS-WILLE ZUM PROBLEM WIRD

Es mehren sich auch ärztlicherseits Stimmen, die besagen, dass vielen Krankheiten, vielleicht den allermeisten, eine seelische Problematik zugrunde liegt. Die beängstigende Steigerung des Tablettenkonsums (der in diesem Fall notwendigerweise ohne nachhaltige Wirkung bleibt) ist ein drastisches Beispiel für eine besondere Art von Willensschwäche.

Diese einem Menschen vorzuwerfen, zählt allerdings zu den besonderen seelischen Grausamkeiten, von denen die Moral noch nie profitiert hat. Gesünder wurde durch Hinnehmenmüssen von Vorwürfen auch noch keiner. Manche "nehmen sich zusammen", verstellen sich so gut es geht, spielen ständig Theater, befleißigen sich eines Wunschverhaltens, ehe es zu einem plötzlichen Zusammenbruch kommt.

"Die moderne psychosomatische Forschungsrichtung bemüht sich klar zu stellen, wie psychische Vorgänge körperliches Geschehen krankmachend beeinflussen. Jene Organe sind besonders betroffen, die dem vegetativen (unwillkürlichen) Nervensystem unterstehen. Während bewusste Emotionen in irgend einer Weise ausgelebt wurden, erfahren die unbewussten eine Chronifizierung" (E.Ringel).

Dem Willen, getrennt vom Gefühl, fehlt notwendigerweise die Kraft zur Lebensgestaltung aktiv beizutragen. Auch die Verbindung zum Körper, nicht nur zur sozialen Umwelt hin, ist dann irgendwie unterbunden. Die düstere Weltlage in Politik und Wirtschaft, Spannungen aller Art, Identitätsschwierigkeiten, all das bietet keine hinlängliche Erklärung für die Lebensohnmacht bei einer ständig zunehmenden Zahl von Menschen.

Pessimismus und Tatenlosigkeit entstammen zur Hauptsache unbewältigten Kindheitserlebnissen, irgendwie auch dem Zwang, Erleben und Verhalten weiterhin trennen zu müssen. Die zunehmende Lebenserwartung des Durchschnittsbürgers in den Industrieländern bietet Anlass, dass sich die seelische Zwangslage bei vielen immer mehr verschärft.

Als verfehlt und daher schädlich erweist sich im Falle von seelischer Not die Methode des Nichtwahr-haben-Wollens, Wegschauen (auch des potentiellen Helfers), eine Vogel-Strauss-Politik. Wer es niemandem sagen kann, wie ihm tatsächlich zumute ist, wird es am Ende selber nicht mehr wissen. Schließlich schlägt der Körper Alarm. Er spricht eine umso unmissverständlichere "Sprache". Allemal sind Schmerzen ein deutlicher Hinweis, "dass etwas nicht stimmt".

Sich damit abfinden, wäre unverantwortlich. Gerade die Psychosomatik lehrt uns, dass Menschen, die sich gegen das Leiden auflehnen, zugleich optimistisch in die Zukunft blicken, damit einen ungebrochenen Lebenswillen zur Geltung bringen, die besten Heilungschancen haben. Wir sollten deshalb einem Leidenden für seine "Engelsgeduld" nicht Lob spenden, ihn vielmehr durch Ermutigung aktivieren. Sich über Schwierigkeiten hinwegtrösten, tatenlos zusehen, endlos abwarten wäre ebenfalls schädlich.

Der Wille ohne Gefühl entartet frührer oder später zur Willkür; er betätigt sich dann vorwiegend im Verneinen. Dem bloßen Protest fehlt aber weitgehend eine regenerative Kraft. Einem Denken ohne Gefühl wiederum mangelt der Weitblick. Es mag vielleicht scharfsinnig sein, produktiv ist es jedenfalls nicht. Es entartet schließlich zum Grübelzwang.

Die äußerst schädliche Trennung zwischen Denken, Wollen, Fühlen kann überwunden werden, wenn folgendem Bekenntnis ein selbstkritisches In-die-Tat-Umsetzen nachfolgt:

- Die meisten Menschen denken zu viel an sich und zu wenig an die anderen (bzw. mit diesen zusammen).
- Wenn Kampfmaßnahmen ergriffen werden, der Wille sich damit machtlüstern gegen einen Mitmenschen richtet, entsteht in Einzelnen selber eine Spaltung. Der Körper oder der Geist wird zum "Unterlegenen".
- Gefühle, die ihre verbindende Funktion eingebüßt haben, entarten zu ausgesprochen destruktiven Kräften.

Besonders verhängnisvoll wirkt sich das Anstellen von entwertenden Vergleichen aus, welche manches Kind von frühestem Alter an hinnehmen musste. Sein Wahrnehmen und Denken erhält dadurch eine Ausrichtung auf Unterschiede, nicht

Gemeinsames, Verbindendes (es sieht Bäume, keinen Wald). Ein zusätzlicher Schaden entsteht, wenn der Ehrgeiz angestachelt, ein Konkurrieren in die Wege geleitet wird.

Integration in Bezug auf die soziale Umwelt wäre ein anderer Ausdruck für Frieden und Versöhnung. Die "Teile" ergänzen dann einander; sie stehen nicht mehr (gleichgültig) nebeneinander oder (feindlich) gegeneinander. Vor allem wäre der Einsicht tätig zuzustimmen, dass Zwang keine Probleme löst, immer nur neue schafft.

Es ist leider eine Tatsache: verunstaltetes Leben besitzt keine große Anziehungskraft. Einem solchen Menschen wird kaum Sympathie zuteil wird, die er so dringend bräuchte. Zu beachten haben wir, dass die Verunstaltung vom Betreffenden selber ausgeht, und zwar als Vollstreckung eines grausamen Urteils, welches andere ahnungslosgefühllos in seiner Kindheit über ihn gefällt haben. Dass das seelische Profil manches alten Menschen abstoßend wirkt, darf uns nicht wundern.

Manifestationen des Zwiespalts

Der neurotische Zustand ist durch Beharren ge-
kennzeichnet, einen das einstige Kindheitserle-
ben starr festhaltenden Konservativismus. Hierzu
bedarf es (sobald dieser Zustand sich als unerträglich erweist) unbedingt eines Gegengewichts,
nämlich des Bekenntnisses zur eigenen Realität
samt dynamischem, weil dialogischem Bezugs-
system. Damit endet der als sichernde Gewohnheit getarnte Spuk, die endlose Wiederholung
samt zunehmender Ich-Verengung, eine Art
Selbststrangulation, die den Atem raubt, daher
notwendigerweise als Angst (angustia, lat. Enge)
empfunden wird.

Was uns die Neurose lehrt und daher eine ganz
besondere Beachtung verdient:
- Die Kindheit ist als Lebensbasis absolut ernst zu
  nehmen. Sie darf niemandes Willkür überant-
  wortet sein, auch denen nicht, die heute "Kids" in
  Designerkleider stecken und mit elektronischem
  Spielzeug versorgen.
- Ungelebtes Leben erzeugt Schmerzen, denen
  ein Signalcharakter zueigen ist. Nachholen im
  eigentlichen Sinn kann es nicht geben (durch re-
  geressiv-infantiles Verhalten macht sich jeder-
  mann bloß lächerlich), wohl aber ein ernstliches
  Bemühen um dialogische Wechselseitigkeit.
- Das Angewiesensein des Kindes – nicht auf Erziehung als einen obrigkeitlichen Akt, sondern
  auf Mitmenschlichkeit – bleibt für das ganze wei-

tere Leben, somit auch für den Erwachsenen, verpflichtend in Geltung.

Erst das konkrete Beispiel löst Betroffenheit aus, vielleicht auch ein Verspüren "am eigenen Leib" (wenn es einem "zum aus der Haut Fahren" ist, wie die drastische Redensart lautet). Anderseits erschwert die Vielfalt neurotischer Erscheinungsformen den Überblick. Vorherrschend ist indessen ein Zwiespalt. Letztlich sagt gerade dieser Umstand sehr viel über die Verunstaltung aus. Die Ratlosigkeit des Hilfsbedürftigen, aber auch des Helfers wird verständlich und mitvollziehbar. Gleichzeitig bietet sich gerade hier die Chance zu einer Neuorientierung.

Einteilungen scheitern daran, dass eine jede Zeit ihre ganz spezifischen Neurosen hervorbringt. Nicht einmal die Schmerzintensität (der Leidensdruck) gibt über den Schweregrad hinreichend Aufschluss. Depressive neigen beispielsweise dazu, ihr Belastetsein vor anderen und sich selber "herunterzuspielen" (selbst wenn eine akute Suizidgefahr gegeben ist).

Am ehesten lassen sich Neurosen auseinanderhalten, die auf den Körper übergreifen, und ebenfalls solche, die nur auf das Seelenleben beschränkt bleiben. Im Hinblick auf die Entstehungszeit kann man je nachdem zwischen Mutter- und Vaterneurosen unterscheiden, wobei erstere als schwerwiegender gelten, weil es sich dabei um negative Einflüsse seit Anbeginn des Lebens handelt.

Von großer praktischer Bedeutung ist indessen die Frage nach den Auswirkungen der jeweiligen seelischen Beschaffenheit auf das Berufsleben und die mitmenschlichen Beziehungen (z.b. das Ehe- und Familienleben). Gerade diesbezüglich sind psychohygienische Entlastungsweisen zu fordern (z.b. in Form einer Supervision bei aufreibender Berufsarbeit).

Die Tiefe der Regression (sich "eigentlich wie ein kleines Kind fühlen") entscheidet über den Abstand eines Menschen von der Realität samt seinen Aufgaben in dieser, somit immer über den Grad seiner besonderen Hilfsbedürftigkeit. Psychotische Zustände zeichnen sich übrigens vielfach durch einen totalen Realitätsverlust aus, was die Verständigungsmöglichkeit mit solchen Menschen schwer beeinträchtigt.

Stichworte

Regression: Rückfall in kindliche Erlebnis- und Verhaltensweisen. Nach psychoanalytischer Auffassung lassen sich (entsprechen den ersten Entwicklungsphasen) orale, anale und phallische Tendenzen feststellen: ein Drang zum Konsumieren (Essen, Trinken, Verbrauchen), zum Trotzigsein (ähnlich wie in Verbindung mit erzwungener Sauberkeitserziehung), zu einer demonstrativen Selbstdarstellung (nicht nur in sexueller Hinsicht). Hinter der Regression verbirgt sich Fixiertsein als Entwicklungshemmung.

Mutter: Als "erster Mitmensch" hätte diese nach Adler die Aufgabe, das Kind vorerst einmal für sich zu gewinnen (mit diesem, wie E.H. Erikson fordert, in eine wechselseitige Beziehung zu treten), schließlich aber sein Interesse auf die Umwelt hinzulenken. Wenn eine Mutter dagegen das Gemeinschaftsgefühl des Kindes bei sich "münden" lässt, ist diesem die Grundlage zum sozialen Leben entzogen. Narzisstische Tendenzen leiten sich von einer solchen Einseitigkeit her.

Vater: Für Freud entspricht die Ödipus-Situation, ein Rivalisieren zwischen dem vier- bis fünfjährigen Jungen mit dem Vater um den "Besitz" der Mutter, einem Naturgesetz. Beendet würde dieser Zustand durch die Entstehung eines zwanghaften Über-Ich-Gewissens (in welchem die verbietende Vaterstrenge fortdauert) oder eines regulierenden Ich-Ideals. Nach Adler sind hier keine sexuellen Strebungen am Werk. Es handelt sich vielmehr um die Auswirkung einer unseligen Machtkampf-situation zwischen den Geschlechtern.

Weil jede psychosoziale Funktionsstörung auf einen strukturellen Mangel zurück geht, dürfte die Unterscheidung zwischen Symptom- und Charakterneurose eher problematisch sein. Für jegliche Etikettierung trifft das ebenfalls zu. Gedacht ist dabei auch an die Frage, ob überhaupt eine Neurose oder bloß ein umständebedingter seelischer Ausnahmezustand (z.B. infolge von Stress) gegeben sei.
Nicht nur aus purer Höflichkeit wird man hier mit einer Antwort als Psychotherapeut sehr vorsichtig umgehen müssen. Für einen hilfsbereiten Laien hat das in noch viel höherem Maß Geltung. Ausschlaggebend ist die unbedingte Zuwendung (C.R. Rogers). Sowohl Belehrungen als auch Suggestionen hätten unbedingt zu unterbleiben. Die Ratgeber nehmen am besten zunächst an der Ratlosigkeit des anderen teil. Dadurch zeichnet sich schließlich am ehesten eine Lösung ab, die keiner für sich allein jemals gefunden hätte.

"Das Ich ist durch den inneren Konflikt geschwächt, wir müssen ihm zu Hilfe kommen. Es ist wie in einem Bürgerkrieg, der durch den Beistand eines Bundesgenossen von außen entschieden werden soll" (S.Freud).

Anders als bei organischen Störungen darf die Diagnose hier keineswegs überschätzt werden. Vor allem nützt es nichts, wenn zwar der Psychotherapeut zu einem klaren Urteil gekommen sein sollte, dem Betreffenden selber aber nicht bewusst ist, was in ihm eigentlich vor geht. Eine neue Lebenseinstellung – mit Hilfe eines unabdingbaren "Gegentrainings" – bliebe dadurch ausgeschlossen. Wissen allein brächte jedenfalls noch keine Wende hin zu einer größeren Bewegungsfreiheit. Erst im Handeln zeigt sich die neu erlangte Lebenskraft, zugleich der emotionale Antrieb als aktive Teilhabe.

Gelegentlich ist heute von einer "Sinnkrise" im Zusammenhang mit neurotischen Zuständen die Rede. Offenbar will man sich damit von der Annahme Freuds absetzen, der seelischen Deformation des Lebewesens Mensch würden verdrängte vitale Impulse zugrunde liegen. Auch ein Machtkampf, nach Adler "hervorstechendstes Übel in der Kultur der Menschheit", wird auf diese Weise individualistisch umgangen. Doch durch eine "Höhepsychologie" sollte die Tiefenpsychologie besser nicht ersetzt werden, schon gar nicht durch behavioristische Manipulationstechniken.

Eine Beschränkung der Neurose auf den "rein geistigen Bereich" wäre unzulässig. Wir haben es womöglich mit privatistischen Tendenzen zu tun, eine neuerliche Sexualtabuisierung als Ursache eines solchen "Höhefluges" ist ebenfalls denkbar. In Wirklichkeit ist immer der Mensch in seiner psychophysischen, sozialen und lebensgeschichtlichen Ganzheit betroffen, zugleich einem schmerzvollen Zwiespalt ausgeliefert.

Durch folgende Erscheinungen bekommt einer diesen Zwiespalt besonders schmerzlich zu spüren:

- Gebundensein an Vergangenes (zugleich "Abwesenheit" von den gegenwärtigen Verhältnissen)
- Gespaltensein in sich selber – in Form einer Verkrampfung des Körpers, des Gehemmtseins, einer unrealistischen (oft ein wenig größenwahnsinnigen) Selbstvorstellung
- Isolation und Distanz dem Nächsten gegenüber (Unfähigkeit zum Gespräch, ebenso zu echter Zusammenarbeit).

Den gemeinsamen Nenner sämtlicher neurotischer Manifestationen bildet stets das Gefühl der Angst. Zum Unterschied von Furcht (vor etwas oder jemandem) ist diese stets objektlos. Sie spiegelt somit den Zustand des Subjekts wider, und zwar vor allem auf Grund seiner Beziehungslosigkeit. Daneben können natürlich auch zwanghafte oder depressive Züge im Vordergrund stehen.

Früher oder später verlieren die Mechanismen der Projektion und der Identifikation (als ursprüngliche Abwehrtechniken) ihre sichernde Wirkung. Die Anklammerung an Mächtige (durch Verinnerlichung von deren rigiden Normen) oder ein krampfhaftes Erfinden des Grundes für die Angst bietet auf die Dauer keine echte Hilfe. Schließlich beginnt jeder zu ahnen, dass er damit selber fertig werden muss, zugleich damit nicht selber, nämlich ganz auf sich gestellt, fertig werden kann.
Wer sich zu seiner Hilfsbedürftigkeit bekennt, ohne allerdings als Bettler, untertänig auftreten zu müssen (worauf man im offiziellen Gesundheitssystem oftmals besonderen Wert zu legen

scheint), der befindet sich bereits ein ganzes Stück weit auf dem Weg aus dem Zwiespalt – vorausgesetzt, er stößt nicht auf kaltherzige Funktionäre, sondern begegnet einem wirklichen Mitmenschen.

Ausweg Psychotherapie

Fast so vielfältig wie die Neurosen stellen sich heute Methoden dar, durch welche eine Befreiung aus der Seelennot in die Wege geleitet werden soll. Es ist dabei hauptsächlich an tiefenpsychologische Therapieformen gedacht, Abwandlungen der drei klassischen Ansätze, jener von Freud, Adler und Jung. Vorgehensweisen, durch die lediglich die Beseitigung von "Verhaltensstörungen" angestrebt ist, werden von mir hier bewusst übergangen – ihres manipulatorischen Charakters wegen.

Völlig unverblümt bezeichnete immerhin ein prominenter Vertreter der behavioristischen Richtung Freiheit und Würde des Menschen als "überholte Begriffe". Statt einer Ich-Stärkung, wie sie von Psychoanalytikern, aber auch Individualpsychologen angestrebt wird, will sich B.F. Skinner mit einer "Technologie des Verhaltens" zufrieden geben.

Die Blitzheilung gibt es nicht. Eine rasche Befreiung vom Leidensdruck, welche ein Notleidender sich begreiflicherweise sehnlich wünscht, wäre nicht unbedingt als therapeutisches Erfolgskriterium anzusehen. Primär ist sowohl die Therapie als auch eine "erste Hilfe" auf diesem Gebiet der Person verpflichtet, sie stellt immer ein Beziehungsgeschehen dar. Sollte diesbezüglich "Wertfreiheit" gefordert werden, brächte das einen unhaltbaren Standpunkt zum Ausdruck.

Im Mittepunkt einer seelischen Reaktivierung steht immer das Gespräch – als Ausdruck der Zusammengehörigkeit, zugleich Akt der Selbstmitteilung. Indem es zu einer wechselseitigen Einfühlung (unabhängig von seinem Inhalt) veranlasst, verhilft es dem Mutlosen dazu, ein positives Selbstwertgefühl zu gewinnen und für sein eigenes Leben allmählich selber die Verantwortung zu übernehmen.

Bis heute unübertroffen geblieben ist die Pionierleistung von S. Freud. Zugleich trägt sein imponierendes Werk aber deutliche Spuren der Entstehungszeit. Widersprüche gegen mechanistische Züge der Psychoanalyse (den Trieb-Begriff) haben sich schon bald geregt. Zum ersten "Abtrünnigen" ist A. Adler geworden, der das Bedürfnis des Menschen nach sozialer Zugehörigkeit dem "Willen zur Lust" vorziehen zu müssen glaubte. In Wirklichkeit ist hier eine Ergänzung gefordert.

Was Freud als das Aufnötigen eines Zwangsgewissens beschrieben hat, ist für Adler in Form eines Macht-Ohnmacht-Verhältnisses ebenfalls von Übel, ein pathologisches Gebilde, etwas völlig Unzumutbares. "Denn kein Mensch erträgt eine dauernde Unterwerfung", ohne seelisch zu erkranken. Der Irreführung, als ob das Zusammenleben ausschließlich von der Frage der Überlegenheit und Unterlegenheit bestimmt wäre, gilt es nach Adler mittels Therapie oder sonstiger helfender Solidaritätsangebote wirksam zu begegnen. Die hierarchische Struktur wäre durch ein dialogisches Verhältnis auf gleicher Ebene außer Kraft zu setzen.

Bisherigen Rückzugs- und Scheingefechte erweisen sich dann allmählich als überflüssig, obwohl der Helfer vorerst eine Verwechslung zu spüren bekommt. Eine sog. "Übertragung" von Emotionen ist gegeben (solcher, die in Wirklichkeit den ersten Beziehungspersonen gegolten haben).

Dass auch für die Anhänger von Freud der menschliche Sozialbezug immer mehr an Bedeutung gewinnt, beweist ein Bemühen um Gruppen-, insbesondere Familientherapie. Nach H.E. Richter wird darin nicht der einzelne Mensch als Patient angesehen, selbst wenn er sich als "Symptomträger" darstellt. Krank sei die familiäre Kommunikationsstruktur, was auch auf das gesellschaftliche Ganze zutreffen kann (wenn sich darin faschistische, fremdenfeindliche Züge bemerkbar machen, wie es heute der Fall ist).

Was gesellschaftliche Institutionen, insbesondere das bürokratische System anlangt, so fühlt der Einzelmensch sich darin zu einer statistischen Größe degradiert, durch Kontrolle beargwöhnt, durchleuchtet, in die Anonymität verstoßen. Mir scheint, dass eine "kalte Gesellschaft" (infolge einer Politik ohne Herz) zumindest ein Weiterwachsen von Neurosen begünstigt, die allerdings stets in früher Kindheit grundgelegt wurden.

"Der Sinn der Analyse ist nicht etwa, das Schicksal des Patienten korrigieren zu wollen, sondern ihm die Begegnung mit seinem Schicksal zu ermöglichen. Der Patient muss seine Eltern bei uns (Therapeuten) in der Übertragung und in sich finden können, um die unbewusste Manipulation und die ungewollte Verachtung der Eltern bewusst zu erleben und davon frei zu werden. Erst im Bewusstsein liegt der Ansatz zur Veränderung" (A. Miller).

Psychotherapie als eine Anpassung Einzelner an inhumane gesellschaftliche Strukturen zu betreiben, um dadurch Machthabern in Politik und Wirtschaft wunschgemäß fügsame Kreaturen zu schaffen, wäre ein schweres Unrecht, zugleich ein Zynismus sondergleichen. Die "Krankheit der Gesellschaft" kann umgekehrt nur von Einzelnen her allmählich zum Verschwinden gebracht werden. Die Medien erweisen sich diesbezüglich nicht als hilfreich, das Gegenteil ist sehr oft der Fall.

Gesellschaftskritische Impulse der Tiefenpsychologie sind keine ausschließliche Domäne des Therapeuten. Sie eignen sich dazu, ein umfassendes Engagement in Gang zu bringen. Trotz mancher Euphorie in der Vergangenheit (samt dadurch ausgelöster gegenwärtiger reaktionärer Tendenzen) wäre es von Vorteil, wenn diese auf das öffentliche Leben in Schule, Beruf, Politik und Wirtschaft zunehmend Einfluss gewinnt.

Im Schulbereich und anderswo erfreut sich immer noch die sog. Verhaltenspsychologie einer eindeutigen Bevorzugung. Von Kritik – außer an "unerwünschtem Verhalten" des Einzelnen – hält sich diese wohlweislich fern. Das Fehlen der Tiefenpsychologie in der Lehrerbildung lässt wahrscheinlich tiefer blicken.

Autoritäre Institutionen haben jener immer schon ihr (nicht ganz unberechtigtes) Misstrauen bekundet, sich zugleich gegen selbständiges Denken und Handeln vehement zur Wehr gesetzt. Vor allem einer Ermutigung zur Selbständigkeit bei ihren "Untertanen" stehen Herrschergestalten für gewöhnlich höchst unwillig und ungnädig gegenüber.

Zur Neurosen-Prophylaxe sei so viel gesagt: Sie wird heute in Gruppen oder im Einzelkontakt praktiziert. Auch wenn wir uns hier zur Hauptsache auf die letztgenannte Form beschränken, fällt es nicht ganz leicht, Schwerpunkte herauszuarbeiten, die aus der Sicht der verschiedenen theoretischen Ansätze Geltung beanspruchen können.

Folgende Schritte sind erforderlich, damit wirklich von einem Ausweg, keinem bloßen Ausreden von Problemen gesprochen werden kann:

- Überwindung der bisherigen einseitigen (monologischen) Perspektive – zu Gunsten von lebensnäheren Ansichten und Denkweisen
- Ermittlung der seelischen Grundhaltung (bei Adler: des Lebensstils), und zwar auch mit Hilfe von Kindheitserinnerungen und der Analyse von Träumen
- gefühlsmäßige Annäherung an die soziale Umwelt (wobei vorerst eine Übertragungsneigung gegeben sein kann)
- eine realistische Selbsteinschätzung durch Entdecken und ein Revitalisieren vorhandener sozialer Kontakte (z.B. von Nachbarschaft, zu Berufskollegen...)
- Gewinnen von Mut zur aktiven In-Angriff-Nahme einer eigenständigen (nicht mehr eigenbrötlerischen) Lebensgestaltung
- Aufarbeitung von Irrtümern und Fehlern in einem vertrauensvoll-offenen Gespräch.

Der Mut zu dialogischem Sichöffnen vermag nur wirksam zu werden, wenn er nicht auf zu große Hindernisse von außen stößt, eine einfühlsame Haltung dabei als freundliche Einladung empfunden wird, der Gesprächspartner zur Diskretion fest entschlossen ist, auf jegliche Belehrung verzichtet, sich als vertrauenswürdig erweist. Er muss ebenfalls zur Selbstmitteilung bereit sein, darf nicht den Eindruck des Aushorchens aufkommen lassen. Auch der Psychotherapeut hat sich davor zu hüten, den Expertenstatus hervor zu kehren.

"Zwischenmenschliche Beziehungen haben eine heilende Wirkung. Einfühlung ist eine angeborene Fähigkeit, die durch fürsorgliche Beziehung genährt werden kann. Empathie mindert Stress und Angst, sie steigert das Selbstbewusstsein, stärkt den Optimismus, löst Konflikte und schafft zugleich Intimität" (A.P. Ciaramicoli).

Von Angeborenem möchte ich hier nur indirekt sprechen, eher von einem Angewiesensein des Menschen auf andere – infolge seiner naturhaften Mängelbedingungen, außerdem durch ein Grundbedürfnis nach Nähe, Wärme, Zuneigung, Verständigungsbereitschaft, Einssein dazu veranlasst. Nicht nur in der Geschlechterbeziehung kann und soll es Partnerschaft geben, auch anderswo. Unsere meist neutralistisch-distanzierte Umgangsweise ist weder vornehm, noch angemessen, sondern schlechthin unzumutbar, eine Unverschämtheit.

Worauf es im therapeutischen Kontakt am meisten ankommt ist der Wille, sich gemeinschaftlich dem Leben zuzuwenden, indem man sich einander zuwendet. Dadurch hört die einstmals erlittene Ungleichbewertung allmählich auf, als quälende Last empfunden zu werden. Schließlich regt sich sogar Verständnis und Versöhnungsbereitschaft – gegenüber den frühen Beziehungspersonen (Eltern, die es einfach "nicht besser verstanden", lediglich "gut gemeint" haben).

Die Selbstmordneigung – ein Modellfall

Man hat ein hartnäckiges Nicht-wahr-haben-Wollen des Todes in der Wohlstandsgesellschaft als Verdrängungsvorgang gedeutet, der auch diesbezüglich immer nur von Nachteil sein kann. Das Tabuisierte wird dadurch gleichsam allgegenwärtig. Unersättlichkeit verbunden mit Illusionen – in Form von errungenem oder erstrebtem Prestige, einem permanenten Selbstbetrug, derlei ist kaum dazu geeignet, die tatsächlich verlängerte Lebensfrist des modernen Menschen sinnvoll und wirklich akzeptabel erscheinen zu lassen.

Zumindest ein Gegenstück zu einem Die-Augen-Verschließen vor eigenem Sterbenmüssen stellt die unbeschreibliche Gefühlskälte in den Industrienationen gegenüber Menschen in der Dritten Welt, aber auch Mittellosen im eigenen Land dar. Kinder, die grob vernachlässigt werden oder der Abtreibung zum Opfer fallen, zählen ebenfalls dazu. Es ist kein Wunder, wenn Lebensfreude auf dem Boden der Hartherzigkeit nicht gedeihen kann, bloß Sensationen (die allabendlichen Kriminalfälle mittels Fernsehen) eine gewisse Abwechslung verschaffen und schließlich einer wachsenden Zahl von Menschen der Lebenswille völlig abhanden kommt.

Inmitten aller materiellen Sicherheit tritt ein Phänomen unübersehbar zutage, nämlich die Selbsttötung – aus einem Unvermögen, ein leeres Dasein länger ertragen zu können, und zwar bei Personen aller Altersstufen und verschiedenster sozialer Schichten. Eine seltsame Müdigkeit ist hier gegeben, ein Überdruss, schließlich die Neigung, sich vom Leben ganz abzuwenden, so als ob es keinen anderen Ausweg gäbe.

Die Selbstmordhäufigkeit in unserer Zeit deutet auf eine seelische Verelendung unvorstellbaren Ausmaßes hin, auch wenn es immer nur einzelne Menschen sind, die diese erschreckende Konsequenz ziehen. Erstauntsein oder gar ein hartes, liebloses Urteil über einen solchen "Fall" verrät den permanenten Gefühlsmangel, die völlige Desintegration – der sog. Umwelt (welche offenbar aus lauter "Gegenmenschen" besteht), aber ebenso das Befallensein von dissoziierenden Kräften im Vereinzelten, dem Lebensunwilligen selber.

"Die Behauptung, ein Mensch habe den Freitod gewählt, also müsse man ihm seine Freiheit lassen, wäre ein ganz übler Trick. Die Umgebung des Betroffenen hätte dann die gute Ausrede, sein Handeln zu respektieren. Dann stünde aber auch dem Selbstmord-Versuch keinerlei Versuch einer Lebensrettung und –hilfe gegenüber. Selbstmordverhütung ist wesentlich mehr als nur einem Menschen den Revolver aus der Hand zu nehmen" (E. Ringel).

Tatsächlich haben viele, die sich in einer suizidalen Verfassung befinden, den Eindruck, irgendwie zum Tod verurteilt zu sein. Sie sehen keine Lösung, weil sie sich allein gelassen fühlen. Ein Rachemotiv bei solchen, die hilflos-ohnmächtig aus dem Leben scheiden, ist meist nicht zu übersehen. Die Anklage lautet auf ein Nichthören-, Nichtsehen-, Nichtfühlen-wollen derer, die sich in nächster Nähe befinden, sich aber zugleich fremd bis feindselig gebärden, Gleichgültigkeit, Ahnungslosigkeit, Rücksichtslosigkeit nicht nur zur Schau tragen.

Suizidale Handlungen, aber auch diesbezügliche Versuche haben immer Appellcharakter. Sie bezeugen, dass von einem feinfühligen, meist verletzten Menschen die alltäglichen Lebensumstände als unerträglich empfunden werden. Der Hilferuf lässt sich anderseits oft nur schwer vernehmen, weil er so leise, nur andeutungsweise erfolgt. Zugleich kann ein Rückzug vom bisherigen Leben, welcher der schrecklichen Tat vorausgeht, kaum übersehen werden. Es handelt sich dabei um eine seltsame "Ruhe vor dem Sturm".

Das Ergebnis der vorweg genommenen Zukunftslosigkeit ist stets gleich. Die Wege, die dahin führen, können allerdings sehr verschieden sein:

- Umweltzerstörung, Wettrüsten, die In-Betrieb-Nahme von grenznahen Atomkraftwerken nennt man keineswegs aus purer Übertreibung, vielmehr völlig zu Recht Methoden einer globalen Selbstvernichtung.
- Mit dem Verlust einer religiösen Orientierung, von Glaube, Hoffnung, Liebe, schwindet oft auch das bisherige Durchhaltevermögen.
- Jede Form der Trennung (ein plötzliches Zerbrechen bisheriger sozialer Bindungen) kann einen Menschen völliger Hilflosigkeit ausliefern und in stille Verzweiflung geraten lassen.
- Ein Selbstbestrafungsbedürfnis auf Grund künstlich erzeugter Schuldgefühle (in Form ei-

nes zwanghaften Über-Ich-Gewissens) begünstigt "nekrophile" Entscheidungen.

• Sexualnöte und Identitätsprobleme (keineswegs nur bei Jugendlichen) tragen immer noch dazu bei, dass Menschen im Leben keinen Halt mehr finden.

• Der Drogenkonsument tätigt bewusst oder auch nicht eigentlich einen "Selbstmord auf Raten"

• Seelenkrankheiten in jeder Form disponieren zum Selbstmord; das trifft für die endogene (psychotische) Depression, aber ebenso für die spezifisch "suizidale Neurose" in ganz besonderer Weise zu.

Die weit verbreitete Auffassung, der Selbstmord sei vorwiegend reaktiver Natur, Folge von Schicksalsschlägen (z.B. eines materiellen Verlustes), ist von E.Ringel durch einen äußerst wichtigen Aspekt ergänzt worden. Dieser spricht von einer "Entwicklung zum Selbstmord" hin, wenn die frühkindliche Neurotisierung (in Richtung Narzissmus, d.h. Beziehungslosigkeit) im weiteren Leben eine "konsequente Fortsetzung" gefunden hat. Ringel hebt vor allem Entmutigung, dadurch ein Ausschalten von Eigenaktivität (was auch durch Verwöhnung zu bewerkstelligen ist), insbesondere aber die strikt geforderte Anpassung als verursachende Faktoren hervor.

Geradezu modellhaft für bevorzugte Verhaltenserwartungen, denen Heranwachsende, aber ebenso Erwachsene ständig ausgesetzt sind (einen Rollenzwang – z.B. im Berufsleben, in der Öffentlichkeit), dürfte die Unauffälligkeit sein, ein genaues Im-Trend-Liegen des Betreffenden. Hinter der ausgeglichen wirkenden Oberfläche (der Coolness) halten sich oft Verzweiflung, irrationaler Trotz, narzisstische Wut und manche Größenphantasien versteckt, außerdem Fluchtimpulse und allerlei destruktiv-aggressive Wunschvorstellungen und Negationen – bis sich einer aus dem Zusammenleben restlos herausmanövriert hat, nirgendwo mehr dazu passt, plötzlich Schluss machen zu müssen glaubt.

Bei dieser Neurose fehlen die sonst üblichen Symptome. Sie fällt durch ihre Unauffälligkeit auf. Das macht sie so schwer erkennbar, ist aber zugleich höchst aufschlussreich hinsichtlich eines Konformitätszwanges und seiner Unerträglichkeit. Im "Ausstieg" aus einem unmenschlichen System tut sich ein protesthafter persönlicher Anspruch kund (was keinesfalls als Verherrlichung des Selbstmordes gedeutet werden darf, eher nur ein Hinweis sein soll, dass es sich hier nicht nur um "labile Typen" handelt).

Durch die Darstellung des sog. "Präsuizidalen Syndroms" hat E. Ringel einen wichtigen Hinweis für eine Früherkennung geliefert. Dem einfühlsamen Mitmenschen steht hier ein Erkennungszeichen zu Gebote, dem er sich im Notfall nicht entziehen darf. Auf die Tendenz einer Spaltung (Desintegration) von Denken, Wollen, Fühlen, Körper und Geist, Einzelnem und Gemeinschaft ist dabei ganz besonders zu achten.
An dieser Stelle muss außerdem auf die Schädlichkeit von Vergleichen, auf diese Weise ein Auseinanderdividieren (z.B. in gute und schlechte

Schüler), eine Nötigung zum Übertreffen anderer, einen überfordernden Ehrgeiz, hingewiesen, davor nachdrücklich gewarnt werden.

Wenn folgende Elemente bzw. Faktoren des "Syndroms" in einander greifen, verliert ein Mensch die Kraft zum Weiterleben. Er fällt dann ohne fremde Hilfe der Selbstzerstörung anheim:

- Einengung. Der Gefühlskontakt zu Menschen und Dingen nimmt sozusagen schrittweise ab, bisherige Interessen schwinden. Es erfolgt ein Rückzug vom bisherigen Leben.
- Aggressivität gegen die eigene Person. Das einzige Objekt, das dem Willen (in diesem Fall mit dem Ziel der Verneinung) geblieben ist, ist das persönliche Dasein. Meist unbemerkt braut sich eine Katastrophe zusammen (jede Form von unbewusster Selbstschädigung weist zumindest mit dieser Neigung eine gewisse Ähnlichkeit auf).
- Selbstmordphantasie. Ein Denken ohne Verbindung mit der Realität gerät immer mehr in den Bann einer solchen "Lösung"; Methoden, dem Leben ein Ende zu machen, werden in allen Einzelheiten erwogen und durchgespielt, ehe es plötzlich so weit ist.

Sollte Erste Hilfe hier versagen oder ganz ausbleiben, kommt jede weitere zu spät. Umgekehrt wäre Selbstmordverhütung nur dann wirklich glaubhaft, wenn ein echtes Interesse am Wohl und Wehe des Nächsten gegeben ist, und zwar als Vorbeugung eines Zerfalls von Denken, Wollen, Fühlen. Wer seine Gefühle stets "zurück hält", im Grunde

völlig teilnahmslos bleibt, sei nachdrücklich gewarnt – vor einer Seelenblindheit für eigene und
fremde Not.

5. DEPRESSION – EINE ZEITKRANKHEIT?

Schlagworte und Redensarten sind manchmal besser als ihr Ruf. Bestimmte Formulierungen fänden jedenfalls keinen so regen Zuspruch, wenn nicht in ihnen eine Wahrheit enthalten wäre, die von vielen wenn auch nur höchst undeutlich empfunden wird. Der Mangel im Falle eines oftmaligen Wortgebrauchs besteht allerdings im Zerreden einer echten Bedrängnis. Das trifft für die Depression, möglicherweise auch für das Wort "Trauerarbeit" zu.

Der Depressionsbegriff hat gegenwärtig eine höchst ungebührliche Überdehnung erfahren, so dass oftmals bereits jegliche Verstimmung als "depressiv" bezeichnet zu werden pflegt. Eine eher verharmlosende Verwendung ist somit hier festzustellen. Worte und Gedanken ohne eine Berührung mit dem Gefühlsbereich führen außerdem noch keinen Wandel herbei.

Man begnügt sich vielfach damit, einen bestimmten Seelenzustand auf diese Weise benannt zu haben. Die vorhandenen selbstschädigenden Mechanismen werden dann aber, indem sozusagen ein definitives Urteil gefällt wurde, oft nur noch schmerzlicher, aussichtsloser und tatsächlich bedrückend verspürt und empfunden.

In doppelter Bedeutung kann Depression tatsächlich und mit Recht als eine Zeitkrankheit bezeichnet werden: im Hinblick auf unsere Epoche und

die in ihr herrschenden ausgesprochen krankma-
chenden Verhältnisse (samt einer höchst unsiche-
ren Zukunft), aber auch und vor allem im Hinblick
auf eine unbewältigte Vergangenheit von immer
mehr Einzelmenschen, somit einer lebensgeschichtlichen Bedrückung.

Zweifellos ist ein Freiwerden von innerem Druck
zu erwarten, wenn Bewusstsein und Unbewusstes zueinander nicht mehr im Widerspruch stehen,
d.h. wenn die Verdrängung ein Ende gefunden
hat, weil unbewusste vitale Impulse endlich ak-
zeptiert werden konnten. Durch Schlagworte allein (z.B. das von der Zeitkrankheit) gelingt das
nicht. Eine neu erlangte Handlungsfähigkeit ist erforderlich, denn die Depression zeichnet sich weniger durch übermäßiges Trauern als vielmehr
durch blockiertes Entscheidenkönnen, somit ein
Ohnmachtsgefühl, eine Art emotionale Lähmung
aus.

"Bedrücktsein" (Depression wörtlich übersetzt)
müsste ein Ende finden: innerlich – mittels bereit-
williger, einfühlsamer Unterstützung von Seiten eines verständnisvollen Mitmenschen, äußerlich –
durch ein allmähliches Aufbrechen der Anonymität, d.h. das In-Kraft-Treten sozialer Interaktions-
formen mit wesentlich mehr Gefühl.

Es genügt jedenfalls nicht, Depressivsein jeman-
des mit Bedauern zur Kenntnis zu nehmen, wenn
nicht gleichzeitig an der Überwindung depressi-
onsfördernder Umstände – etwa in Form eines
Übergewichts von Technologie, bürokratischer
Organisationen, vor allem Machtstrukturen – ziel-
strebig und ausdauernd gearbeitet wird. Letztere

schließen unerträgliche Ohnmachtsverhältnisse immer mit ein.

Sollte der Einzelne in unserer Welt sich als ein Nichts einzuschätzen gezwungen sein, kann ein Wiederaufleben frühkindlicher Minderwertigkeitsgefühle kaum ausbleiben. E. Fromm spricht hierbei von einem "Entfremdungssyndrom". Der Passive muss sich dann irgendwelchen Götzen unterwerfen (z.B. dem Internet...). Der Verlust einer Hoffnung über den Tod hinaus bewirkt eine spezielle Horizontverengung. Die Götzen sind unersättlich; sie fordern stets Selbstpreisgabe. Allerlei Formen drohen dann jeglichen Inhalt zu zerstören, hohl und leer zu werden. Schließlich dominiert wirklich das Nichts, die Aussichtslosigkeit nimmt immer mehr überhand.

"Soziale Institutionen sind für das Individuum da und nicht umgekehrt das Individuum für die sozialen Institutionen. Das Heil des Einzelnen liegt stets in seinem Gemeinschaftsgefühl begründet, doch das heißt noch lange nicht, dass man das Individuum gewaltsam in ein soziales Prokrustesbett zwängen soll" (A. Adler).

Depression (Melancholie, Schwermut) – im Gegensatz zu Mut, Selbstvertrauen, Spontaneität, einer eigenen Meinung, persönlicher Handlungsfähigkeit und -bereitschaft – rührt von bestimmten Entstehungsbedingungen, aber ebenso speziellen Auslösern her. Kurz gesagt: Alleinsein wird stets früher oder später als bedrückend empfunden (was ein heute so geschätztes Singledasein als äußerst fragwürdig erscheinen lässt).

So lange keine umfassende "Klimaänderung" erfolgt, wird die schwere Krankheit, vor der übrigens niemand gefeit ist, immer neue Opfer fordern. An eine künstliche "heile Welt" ist dabei allerdings nicht gedacht, eher an ein prinzipielles Zulassen von Selbständigkeit von Kindheit an, so dass niemand sich dazu veranlasst fühlt, mit einem "uneigentlichen Dasein" das Auslangen finden zu müssen.

Folgende Aspekte sind diesbezüglich streng auseinander zu halten (was auch für eine Hilfeleistung durchaus von besonderem Vorteil sein kann):

- Psychotische (endogene) Depression; sie verläuft in Phasen, (der Manie folgt regelmäßig das "Tief"), wurzelt im Körper, ist daher einer medikamentösen Behandlung mittels Antidepressiva durch den Facharzt zugänglich;
- neurotische Depression; als permanenter Konflikt zwischen Wunsch und Wirklichkeit ist sie vorwiegend im Seelenleben beheimatet, auch wenn ein Übergreifen auf den Körper erfolgen kann;
- normale Kränkung; mit Hilfe innerer und äußerer Aktivitäten gelingt schließlich eine Verarbeitung, d.h. eine Wiederherstellung des inneren und äußeren Gleichgewichts;
- narzisstische Kränkung; infolge Vorherrschen von Illusionen (Grandiositätsvorstellungen) kann es sehr häufig dazu kommen. Das Verhältnis zu anderen gestaltet sich in diesem Fall als einseitig-parasitär, so dass ein Abbruch früher oder später nahezu unvermeidlich erscheint.

Im Hintergrund des Schlagwortes "Zeitkrankheit Depression" ist die Annahme gegeben, wir würden in einer besonders bedrückenden Epoche leben, was (seit dem Terror in New York und Washington) durchaus zutreffen mag. Angst vor atomarer Vernichtung oder verbrecherischen Aktivitäten, gesundheitsschädigenden Einflüssen, einem Verlust des Arbeitsplatzes und Ähnliches reicht als Ursache der negativen emotionalen Verfassung aber wohl nicht aus.

Eine verhängnisvolle Rolle dürfte der Konsumorientierung als Ersatz mitmenschlicher Beziehungen (auf der Basis der Oralität, einer frühkindlichen Entwicklungsphase) mitsamt einem völlig unrealistisch-illusionären Selbstbild zukommen. Die eigentliche Frustration erfolgt jedoch immer durch Trennungserlebnisse in irgend einer Form (samt subjektiver Deutung). Für ältere Menschen, deren es immer mehr gibt, trifft das in besonderer Weise zu, so dass E. Ringel das Alter ein "Wagnis" nennt, das wir allesamt auf uns zu nehmen hätten.

Zum Unterschied von normaler Trauer besitzt die Depression keinen unmittelbaren Anlass, wenn wir von der nicht immer unbegründeten Angst vor Alleingelassenwerden absehen. Meist wird ein Grund nachträglich (mittels Rationalisierung) erfunden. Die Möglichkeit einer Bewältigung rückt damit in weite Ferne. Abschiednehmen, schließlich das Sterben gehört zu unserer menschlichen Existenzweise hinzu. Immer wieder ist eine Trennung von dem, was bisher Sicherheit geboten hat (schon auf Grund des Älterwerdens), von uns verlangt.

Was die Angst vor Einsamkeit – inmitten der Masse – anlangt, so bedarf es einer Differenzierung zeitlicher Art: durch mangelndes Geborgensein in den ersten Lebensjahren werden von manchen Menschen Trennungserlebnisse später als besonders verletzend, geradezu katastrophal empfunden. Wer sich anderseits als Erwachsener von seinem Partner allen Ernstes Geborgenheit wünscht, der muss gerade wegen der Unzumutbarkeit eines solchen Wunsches wahrscheinlich früher oder später damit rechnen, im Stich gelassen zu werden.

Je weniger einst Schmerz, Wut, Verzweiflung, Aggressivität zugelassen waren, zum Ausdruck kommen durften, man ausschließlich das stille, folgsame, "pflegeleichte" Kind zu schätzen wusste, umso heftiger werden später Ohnmachtserlebnisse verspürt, entsteht eine narzisstische Wut. Solchen Menschen kommt die Möglichkeit einer Selbsthilfe meist gar nicht in den Sinn. Sie bleiben Gefangene, "obwohl die Tür gar nicht zugesperrt war" (wie es einmal bei der Schilderung der eigenen Verfassung gelautet hat).

"Die Therapie besteht (hier) aus einer Reihe von Korrekturen. Sie will Gefühle und Erfahrungen neu bewerten, sie in einem anderen Licht erscheinen lassen. Nachdem die mit der akuten Phase der Depression verbundene emotionale Pein nachgelassen hat, haben Patient und Therapeut Gelegenheit, die Grundsätze zu untersuchen, auf denen bisher die Wahrnehmung beruhte" (F.F. Flach).

Der Schweregrad der Depression hängt mit der einstigen Vorenthaltung personalen Werdens eng zusammen. Eine schrittweise Verselbständigung des Heranwachsenden ist aus angeblicher Besorgtheit, in Wirklichkeit oft uneingestandener Herrschsucht, systematisch hintertrieben worden. Modernen oder konventionellen Leitbildern, eigenen (elterlichen) Wunschvorstellungen oder auch dem Bedürfnis nach Bequemlichkeit hat man häufig wesentlich mehr Aufmerksamkeit zuteil werden lassen als dem kindlichen Lebenswillen.

Folgende negative Emotionen innerhalb des depressiven Zustandsbildes machen auf ein Fortwirken des einstigen Verdrängungszwanges aufmerksam. Gleichzeitig sind sie einer seelischen "Befreiungsaktion" durchaus zugänglich, somit in einer solchen gebührend zu berücksichtigen:

- *Schuldgefühle.* Aus ihnen resultiert ein Gewissenszwang (oftmals gegen die eigene Überzeugung), damit Unvermögen, durch Wollen und Handeln eine tatsächliche Änderung herbeizuführen.
- *Schamgefühle.* In ihnen wirken einstige Demütigungen, ein Beschämt-, Erniedrigt-, Bloßgestelltwordensein äußerst schmerzlich nach, zugleich sind dadurch Hemmungen weiterhin wirksam, so dass solche Menschen kaum jemals "aus sich heraus gehen".
- *Isolationsgefühle.* Sie bilden die Wurzel des Misstrauens, zugleich haben sie aber auch eine allmähliche Gefühlsdeformation zur Folge, sind daher für Seelenleiden jeder Art schlechthin kennzeichnend.

Ohne Herstellung des Vertrauens, und zwar ganz konkreten Personen, aber auch sich selbst gegenüber, bliebe ein Mensch weiterhin auf entstellende Einbildungen, die "tendenziöse Wahrnehmung" (A. Adler) und längst überholte Grundsätze angewiesen. Er käme gar nicht auf die Idee, in Richtung Mitmenschlichkeit jemals auf eine Befreiung zu hoffen.

Ausgesprochen antidepressiv wirkt dagegen stets das Übernehmen einer sozialen Aufgabe. Müdigkeit, die nicht von der Arbeit, eher von der für Depressive typischen Schlaflosigkeit herrührt, schwindet, wenn das eigene Leben für andere mit einem Mal als nützlich empfunden werden kann.

Es ist allerdings durchaus denkbar, dass sich jemand einem solchen Engagement gegenüber, welches der Therapeut oder ein Wohlmeinender wärmstens empfiehlt, eine Zeitlang erbittert zur Wehr setzt, es als Zumutung und Überforderung empfindet – bis er endlich "auf den Geschmack gekommen" ist (und sich dann über sein vorangegangenes "Schneckenhausdasein" nicht genug wundern kann).

Gebrauchtwerden – weniger einer Leistung wegen, in erster Linie als einfühlsamer Mitmensch – stärkt das Selbstwertgefühl eines jeden in einer nicht zu unterschätzenden Weise.

6. STATT MACHTKAMPF SOLIDARITÄT

Körperliche Krankheiten bleiben – außer im Falle von Ansteckungen, einer Epidemie, oder fahrlässigen Fremdverschuldens – meist Einzelschicksale. Seelenleiden dagegen sind sowohl in ihrer Entstehung als auch, was ihre Auswirkungen anlangt, eng an mitmenschliches Zusammenleben gebunden, damit in verhängnisvoller oder schließlich heilsamer Weise verknüpft.

Durch die negativen Zustände Einzelner kommt immer auch eine gesellschaftliche Fehlorientierung in höchst abschreckender, zugleich alarmierender Weise zum Vorschein. Auch der Allgemeinheit würde die bereitwillige Auseinandersetzung aus gegebenem Anlass zugute kommen.

Insofern ist Psychotherapie niemals nur eine höchst aufwendige (meist ziemlich kostspielige) Privatangelegenheit. Ebenso bliebe ein kameradschaftlich-liebevolles Eingehen auf einen anderen Menschen im Alltag kaum nur auf diesen beschränkt. Es ist durchaus denkbar, dass aus dem Empfänger irgend einmal selber ein freigebiger Spender wird.

Dass man einer selbstkritischen Auseinandersetzung mit gesellschaftlichen Strukturen häufig auszuweichen sucht, diese für irrelevant hält, mag einen dreifachen Grund haben:

- weil seelische Belastungen in Wirklichkeit gerade davon herrühren (doch die Angst vor der Obrigkeit ist meist stärker)
- eine gewisse Scheu existiert, mit der Schädlichkeit analoger eigener Grundprinzipien konfrontiert zu werden
- die Notwendigkeit gegeben wäre, dann der Ideologie von eingebildeter Größe – in Form von Machtstreben (wenn auch meist nur im kleinen Kreis) – entsagen zu müssen.

Sich der Unmenschlichkeit eines Systems der Über- und Unterordnung, von Befehl und Gehorsam, des Mächtig- und Ohnmächtigseins nicht bewusst werden, stellt eine Form von Kollektiv-Verdrängung dar. Der Privatismus dient dann dem Verschleiern, ist Ausdruck des Nicht-wahr-haben-Wollens, ermöglicht ein Versteckspiel.

Wenn dennoch zuweilen volle Anerkennung der "Gleichwertigkeit" aller Menschen versichert wird, so bleibt das bedauerlicherweise ein bloßes Lippenbekenntnis. Von Übel ist tatsächliches Herrschenwollen, weil "kein Mensch auf die Dauer eine untergeordnete Position erträgt" (A. Adler). Eine Neubewertung innerhalb des Zusammenlebens (das "Herabsteigen vom hohen Ross") erweist sich somit als etwas psychosozial Notwendiges, hat mit Edelmut nichts zu tun.

Das physische Überleben noch dazu der ganzen Menschheit hängt nach Meinung von E. Fromm von einer "radikalen Veränderung der Herzen" ab. Es handelt sich somit nicht etwa um etwas Harmloses, keine Gefühlsduselei. Für die Wiedergewinnung des Gleichgewichts dürfte der Verzicht auf den "Habenmodus", der meist dem Übertreffen gilt, ebenso dringlich sein. Wir vollbringen keine moralische Glanzleistung, wenn wir um Überwindung des Vertikalismus zugunsten der gleichen Ebene ernstlich bemüht sind. Den heilsamen Beginn könnte übrigens das Verhältnis der Geschlechtspartner zu einander bilden.

"Eine Aufgabe für zwei Personen hat eine eigene Struktur und kann daher nicht nach Art einer Aufgabe für eine einzelne Person richtig gelöst werden. Es ist als ob aus zwei Menschen ein Wesen gebildet werden müsste" (A. Adler). Ohne Einfühlung ist mit einem solchen Einswerden zwecks Zusammenarbeit allerdings nicht zu rechnen.

Während das Machtprinzip ("Teile, um zu herrschen"), es auf Zerstückelung und Zwietrachtsäen abgesehen hat, tritt durch Solidarität das Gemeinsame und Verbindende hervor. Ein Ergänzungsverhältnis findet dann gemäß dem Grundsatz "Teile, um zu helfen" Anerkennung und Umsetzung. Jeder wird dadurch leistungsfähiger, einfallsreicher, stärker, aber nicht als der andere, sondern als er selber zuvor gewesen ist.
Fromm äußert dazu, das "Ideal der Brüderlichkeit" (Geschwisterlichkeit) sei keine Sache der subjektiven Vorliebe. Es befriedige zwei menschliche Grundbedürfnisse: sich mit anderen verbunden fühlen und gleichzeitig frei zu sein. Andersartigkeit würde dann nicht mehr mit Ausschluss bedroht, sondern mit Gleichwertigkeit als durchaus vereinbar empfunden. Zerbricht jedoch die fruchtbare Polarität von personalem Leben und Gemein-

schaftsbezug, so entsteht entweder ein schrankenloser Egoismus oder es kommt zum Aufgehen des Einzelnen in der (manipulierbaren) Masse. Die meisten Seelenleiden lassen sich einem dieser beiden unseligen Grundtypen zuordnen.

Der Schaden infolge von Selbstüberschätzung oder Selbstverlust ist im Allgemeinen gleich groß. In beiden Fällen wurde eine geradezu lebensnotwendige Gefühlsbeziehung gnadenlos zerstört. Starre Leitbilder – als Erziehungsgrundsätze oder Gruppennormen – sind oftmals an einer solchen Zerstörung unmittelbar beteiligt.

Unmissverständlich stellt A. Adler zu dieser brisanten Thematik fest, jeder Minderwertigkeitskomplex sei mit einem Überlegenheitskomplex gekoppelt und umgekehrt. Ein solcher Mensch bewegt sich ständig zwischen unten und oben. Vom Fleck kommt er damit nicht, zu einer vertrauensvollen Begegnung mit anderen sieht er sich ebenfalls außerstande.

Während S. Freud angesichts konkreter soziokulturell bedingter Form von Religion zu dem Urteil gelangt, es handle sich um eine Kollektivneurose (für fanatische und kämpferische Manifestationen mag das zutreffen), zollt Adler dem Solidaritätsideal christlichen Glaubens Anerkennung. Die Religion darf dann freilich nicht zu einem Mittel infantiler Vertröstung umfunktioniert werden. Durch sie müsste die Untrennbarkeit von Nächstenliebe und Selbstliebe ins Bewusstsein treten. Solidarität, wie sie der biblische Glaube bezeugt und wie sie von jeher als humanitäres Ideal geschätzt wurde, stellt sich in der gegenwärtigen Weltlage als schätzenswerter Ausweg dar. Eine solche Haltung würde allenfalls die Kraft besitzen, Seelennot enden zu lassen. Dass kirchliches Leben samt hierarchisch gegliederter Ämterverteilung durch entmündigende Gehorsamsforderungen oft kontraproduktiv wirkt, soll nicht unerwähnt bleiben.

Das Selbstwertproblem

Die meisten Menschen fühlen sich verletzt, gekränkt, leiden, wenn sie Demütigungen und Spott hinnehmen mussten. Der Verlust von Wertschätzung durch andere oder schließlich gar der Selbstachtung hat einen äußerst quälenden Seelenzustand zur Folge, verführt zu unentwegtem Grübeln. Mit der Einbuße körperlichen Wohlbefindens lässt sich dieser Zustand kaum vergleichen. Andernfalls hätten nicht Menschen immer wieder mancherlei Gefahren, ebenso Schwierigkeiten aller Art auf sich genommen, um ihre Freiheit und damit ihre personale Identität zu sichern. Menschenrechtsverletzungen würden heutzutage nicht als etwas so Grauenerregendes empfunden und gehörig angeprangert, wenn nicht der Selbstwert eines jeden als schlechthin unverzichtbar eingeschätzt würde.

Einem materialistischen Maßstab zufolge pflegt man anderseits nicht dem Menschen als Person Anerkennung entgegenzubringen, einzig der Leistung, oder nur dem Prestige, das mit seiner gesellschaftlichen Position verbunden ist. Der Schwache bekommt erbarmungslos die Macht des Stärkeren zu spüren. Keine Rechtsordnung schützt ihn vor den Übergriffen und der Unersättlichkeit Größenwahnsinniger samt deren Herrschsucht.

Damit ist in etwa auch die Situation des Kindes in einer heutigen lieblosen, kalten Welt beschrieben. Dessen Abkehr von einer Gruppe, wo stets nur mit Unverständnis und Verletzungen zu rechnen ist, die Hinwendung zu sich selber als Folge davon, muss freilich als etwas höchst Bedauerliches angesehen werden. Selbstsucht im Gegensatz zur Selbstliebe wäre keine echte Lösung der hier angesprochenen Problematik (die vom Familienleben bis zur Mentalität innerhalb eines ganzen Volkes reichen kann).

In der griechischen Sagengestalt des schönen Jünglings Narzissus, der sich in sein eigenes Spiegelbild verliebte und schließlich zugrunde geht, in einem See ertrinkt, glaubte S. Freud einen bestimmten Seelenzustand ausgedrückt zu finden. Die narzisstische Störung besteht darin, dass ein solcher Mensch Gegenstände, andere Personen, die ganze Welt lediglich als Teil seiner selbst erlebt, nicht in ihrer Eigenart und in ihrem spezifischen Selbstwert. Alles hat für ihn bloß den Charakter des Mittels zu höchst eigensüchtigen Zwecken. Er leidet dabei unter einer Seelenblindheit.

Eine neurotisch-infantile Forderung, die zuweilen sogar ganz offen ausgesprochen wird, besagt, die Welt solle sich ändern und alle anderen mögen ebenfalls diesem naiv-unverschämten Wunsch entsprechen, ohne dass sich der Betreffende auch nur zu dem Versuch einer eigenen Lebens- und Haltungsänderung bereit fände oder es als notwendig erachtete.

Sich lediglich über den Egoismus (besser: die Ich-Fixiertheit) anderer moralisch zu entrüsten, fruchtet wenig, so lange nicht die Entstehungsbedingungen einer solchen aufreizenden Seelenhaltung ernstlich hinterfragt worden sind. Zahlreiche Beispiele eines auf diese Weise errungenen zweifelhaften Erfolges sind dazu angetan, dass deren Schädlichkeit lange Zeit unerkannt bleibt.

Auch der Helfer ist keineswegs davor gefeit, durch sein Tun bloß eine Kompensation eigener Seelennot bewerkstelligen zu wollen, um schließlich vom Hilfsbedürftigen (infolge Zudringlichkeit und einem unechten Gehabe) abgewiesen zu werden und dann über Undankbarkeit lauthals klagen zu müssen (W. Schmidtbauer). Beim Therapeuten spricht man von einer "Gegenübertragung", die dieser unbedingt selbstkritisch im Zaum zu halten hätte. Je weniger ein Mensch seines personalen Wertes sicher sein kann, umso mehr neigt er zu Übertreibungen, will unbedingt bewundert und für einzigartig gehalten werden. Die Depression im Falle diesbezüglicher Enttäuschungen ist dann die Kehrseite von Grandiositätsvorstellungen, für die es nur in der Phantasie hinreichend Gründe gibt.

"Der Zusammenbruch des Selbstwertgefühls beim ‚grandiosen' Menschen zeigt mit aller Schärfe, wie es eigentlich in der Luft gelegen wäre, bei gutem Wind hoch hinauf zu fliegen. Plötzlich bekam der Luftballon aber ein Loch, und nun liegt er als ein kleines Fetzchen am Boden. Vom Eigenen ist nichts entwickelt worden, das später einen Halt hätte bieten können" (A. Miller).

In Wirklichkeit sucht der narzisstisch Gestörte gar nicht nur die Bewunderung, den Applaus anderer, sondern unbewusst Liebe. Er ist allerdings dazu ganz und gar unfähig, diese zu empfangen, erst recht, eine solche zu geben. Ihm ist noch nicht einsichtig geworden, dass Personalität – anders als materielle Werte – durch Mitteilung zunimmt.

Das Gefühl einer realen Existenzbedrohung in unserer heutigen Welt verleiht diesem Thema eine besondere Aktualität. Die Bedrohung spiegelt sich in der Angst vor möglichen Verlusten bis hin zu tatsächlichen (z.B. in Form der laut Regierungsbeschluss eliminierten Sozialleistungen). Verelendung einer immer größeren Zahl von Menschen ist die Folge – nicht zuletzt auf Grund ihrer Beziehungslosigkeit.

Die Gräueltaten der Nazischergen in den Konzentrationslagern, aber auch Menschenrechtsverletzungen in der Gegenwart, Folterungen, die alltäglichen Grausamkeiten – im Berufsleben (durch Mobbing), in der Familie (durch Prügelorgien, von denen allerdings niemand etwas wissen darf), deuten auf die Unfähigkeit mancher hin, Mitmenschen zu akzeptieren, sie in ihrem Anderssein gelten zu lassen.

Alfred Adler geht davon aus, dass unser Dasein stets mit einem Minderwertigkeitsgefühl verbunden ist. Dieses hätte allerdings als Entwicklungsimpuls zu wirken. Es hält einen Menschen in Bewegung, gibt Anlass zu einer ernstlichen Auseinandersetzung, führt dazu, dass wir uns vor allem mit Unterdrückt- und Erniedrigtwerden keineswegs abfinden, noch auf unseren Lorbeeren ausruhen.

Ohne Ermutigung, und zwar durch eine glaubhafte Solidaritätserfahrung, bliebe dem Menschen oftmals nur die Kapitulation oder ein sinnloser Kampf. Zum "Segen" wird das Minderwertigkeitsgefühl, wenn es dazu inspiriert, Lebensaufgaben, die insgesamt sozialer Art sind, bereitwillig in Angriff zu nehmen, sich dabei für andere nützlich zu machen, zur Zusammenarbeit bereit zu sein.

Folgende Aufgabenbereiche sind von Adler immer wieder ausdrücklich angeführt worden:
- Gemeinschaft (Kommunikation und Kooperation, ein tatkräftiges Bekenntnis, Teil eines sozialen Ganzen zu sein)
- Beruf (durch Arbeit soll auch ein Beitrag zum Wohl aller geleistet, nicht nur die Selbsterhaltung sicher gestellt werden)
- Liebe (am meisten fordert die Geschlechtspartnerschaft die Anerkennung eines Ergänzungsverhältnisses).

Als Minimalforderung hat zu gelten, dass der eigene Nutzen es niemals rechtfertigt, einem anderen Menschen Schaden zuzufügen. Es gibt nicht nur künstlich erzeugte, sondern auch durchaus berechtigte Schuldgefühle, wenn Unrecht verübt wurde. Bestimmte Vorkommnisse, die heute oftmals von sich reden machen, hat man früher vielleicht totgeschwiegen. Sie zählen jedenfalls zu den schwersten psychosozialen Verletzungen, die überhaupt denkbar sind, nämlich der sexuelle Missbrauch von Kindern, ein Zwangausüben gegenüber Abhängigen, die einer verkommenen Kreatur zu Willen sein sollen.
Vielleicht handelt es sich dabei um den Ausdruck eines Rückzugsgefechts – den bisherigen Männervorrang betreffend. Eindeutig dürfte das für Vergewaltigungen oder auch ein sexuelles Belästigen von Frauen zutreffen. Ein perverser

Schwächling rächt sich damit auf seine Weise dafür, dass er künftighin keine Bevorzugung auf Grund seiner Geschlechtszugehörigkeit mehr genießen soll.

Zu einer Partnerschaft ist ein solcher Mensch ohnedies gänzlich unfähig. Seelenwunden, die Unholde dieser Art jemandem zugefügt haben, erscheinen in vielen Fällen nahezu unheilbar, sind es aber hoffentlich nicht. Das offene Gespräch böte einen Ausweg (Betroffene findet freilich oft erst nach Jahren dazu den Mut). Ein entsprechendes, vertrauenerweckendes Angebot müsste dazu vorhanden sein.

Zu einem regelrechten Fluch würde das Minderwertigkeitsgefühl, wenn jemand sich dadurch veranlasst sieht, nach eigener Größe und Macht zu streben, was immer nur durch eine Unterdrückung und Erniedrigung von Mitmenschen erkauft ist. Eine trügerische Fiktion besagt immerhin, der eigene Wert würde zunehmen, wenn der Wert eines anderen sinkt, dieser mit Erfolg versklavt werden konnte.

Das produktive Minderwertigkeitsgefühl macht uns unsere Beziehungsabhängigkeit bewusst, hindert einen Menschen glücklicherweise am Distanziertbleiben und Abstandhalten, das destruktive, asoziale dagegen setzt ein Streben nach Genuss, Besitz, vor allem Macht – zum Schaden anderer – in Gang.

Die Frage nach Werten, und zwar als persönlich angestrebte und als verpflichtend empfundene Ziele (nicht etwa als objektive Gegebenheiten),

die der Erhaltung und Entfaltung von Leben dienen, besitzt größte Aktualität. Materialistische
Maßstäbe haben sich zunehmend als ungeeignet
und außerordentlich schädlich erwiesen. Sie sind
stets mit der falschen Alternative Selbstüberschätzung oder Selbstpreisgabe verbunden. Nicht minder verfehlt wäre aber ein Wert-Spiritualismus
(das Streben nach "rein geistigen" bzw. "ewigen"
Werten). Die Spaltung würde dadurch auf andere
Weise unvermindert fortdauern.

Gerade das Leiden an einem bisher verfehlten Le-
benskonzept macht Menschen allenfalls dafür an-
sprechbar, dass ein Leben mit einander wesentlich besser gelingt als gegen einander. Nur auf
diese Weise, durch Bejahung aktiven sozialen Zu-
gehörens, kann ein angemessenes Wertbedürfnis
wirklich zufrieden gestellt werden. Ein Streben
nach Selbstverwirklichung durch Abschütteln sozialer Bindungen und Verpflichtungen indessen
würde unweigerlich in eine Sackgasse führen.

Die Frage nach der Sexualität

Dass der Mensch ein bloßes Naturwesen und somit in seinem Verhalten ausschließlich von Trieben gesteuert sei, hat sich ebenso als eine reduktionistische Fehlmeinung herausgestellt wie das genaue Gegenteil, wonach der Geist den Körper samt dessen Unersättlichkeit "beherrschen" müsse.

Der Dualismus, ein Körper-Geist-Spaltung, die schließlich im zwischenmenschlichen Bereich als Feindseligkeit, Hochmut, Hass und Unterdrückung weiter wirkt, liegt beiden (einander auf den ersten Blick konträren) Behauptungen zugrunde.

Eine unbefangene Einstellung gegenüber der Sexualität ist auf einem solchen Hintergrund höchst selten anzutreffen, wobei und weshalb uns das Zusammenleben auch in anderer Hinsicht meist ziemlich schwer fällt.

Purer Neid, nicht etwa eine besonders schätzenswerte Moralität, kommt in dem Bestreben zum Ausdruck, Kindern und Jugendlichen Misstrauen gegenüber ihrem eigenen Körper und seinen Regungen einzupflanzen (etwa durch Ächtung der Selbstbefriedigung, welche übrigens auch von Erwachsenen häufig praktiziert zu werden pflegt, somit keineswegs nur eine "unreife Form" darstellt).

Eine tendenziöse, d.h. neutralisierende, "Sexualaufklärung" lässt sich von dem nämlichen verbietenden (isolationistischen) Bestreben leiten.

Die hemmende Wirkung zweifelhafter Erziehungsmaßnahmen – nicht nur auf diesem Gebiet – ergibt sich durch eine geschickte Ausschaltung des Fühlens und Gestimmtseins, insbesondere aber der sozialen Einfühlung (auch in Form von ängstlich vermiedener Zärtlichkeit). Erst ein Zwang bringt den Egoismus bzw. die Selbstsucht hervor. Lusterleben und Geschlechtlichkeit erfahren dadurch eine unheilvolle Reduktion und Entstellung.

"Ein Schuldgefühl zu wecken, ist das wirkungsvollste Mittel, um den Willen des Kindes zu schwächen. Da das Kind nicht umhin kann, Sexualregungen zu haben, wird diese Methode kaum fehl gehen, Schuldgefühle zu wecken" (E. Fromm). Auf eine solche Weise soll "Erziehbarkeit" sicher gestellt werden.

Eine "sexuelle Befreiung", die in jüngerer Vergangenheit angestrebt worden ist, fand in Wirklichkeit gar nicht statt. Der dadurch angestachelte Konsum- und Leistungszwang hat sich vielfach als nicht weniger unmenschlich erwiesen als die vorangegangene Prüderie und Sexualverteufelung. Psychogene Impotenz und Frigidität sind daher heute nicht selten anzutreffen. Dass seit dem Einsatz der Empfängnisverhütungs-Pille Sexualität unabhängig von der Zeugung praktiziert werden konnte, dadurch insbesondere die Frau ein neues Selbstbewusstsein zu gewinnen vermochte, soll hier zustimmend erwähnt werden. Dasselbe hätte für eine tolerante Einstellung gegenüber gleichgeschlechtlichen Kontakten und Partnerschaften zu gelten, falls eine solche Einstellung tatsächlich Platz zu greifen beginnt.

Außerordentlich zu schockieren vermochte S. Freud seine Zeitgenossen damit, dass er die Entstehung der Neurose mit unterdrückten Sexualregungen in Zusammenhang brachte. Noch mehr Entrüstung rief er durch die Annahme einer "frühkindlichen Sexualität" hervor. Das illusionäre Wunschbild vom "unschuldigen Kind" (als ob Sexualität von sich aus jemals mit Schuld identisch wäre) ist dadurch gröblich verletzt worden.

"Es kann keinem Zweifel unterliegen, dass die Triebe, welche sich physiologisch als Sexualität kund geben, eine hervorragende, unerwartet große Rolle in der Verursachung der Neurose spielen, ob eine ausschließliche, bleibe dahin gestellt. Man muss aber auch in Erwägung ziehen, dass keine andere Funktion im Laufe der Kulturentwicklung eine so energische und so weitgehende Zurückweisung erfahren hat, wie gerade die sexuelle" (S. Freud).

Der psychoanalytischen Libidotheorie hat A. Adler sich deshalb widersetzt und von Freud getrennt, weil er darauf aufmerksam geworden war, dass im menschlichen Leben von Anfang an soziale Bedürfnisse einen viel weitreichenderen Einfluss ausüben als biologische. Von hier aus kam Adler schließlich zu der Überzeugung, Sexualität sei niemals nur eine Privatangelegenheit. Er ist zugleich aber auch auf den Grund der verbreiteten Zurückweisung gestoßen, nämlich den Herrschaftsanspruch des Mannes – im Rahmen eines patriarchalischen Systems, wodurch das Verhältnis der Geschlechtspartner mehr oder weniger vergiftet wurde.

Wir tun heute gut daran, die Erkenntnisse beider Psychologen in ihrer Bedeutung zu würdigen und damit ein kleinliches Gezänk zwischen den Schulen als überholt zu betrachten. Dasselbe wäre auf die bösartige Zweckbehauptung anzuwenden, jemand sei "schwach" geworden, müsse daher Scham empfinden, weil er sich von seinem sexuellen Luststreben mit einem anderen Menschen zusammen hatte leiten lassen.

Lust bezeugt immer Einssein mit sich selber, zugleich aber auch mit einem Geschlechtspartner. Wenn dieser allerdings zum bloßen Objekt eigener Begierden und Befriedigungen gemacht wird, nimmt die Entfremdung weiter zu. Dann verspürt der vereinzelte Mensch nur noch Langeweile, hält daher krampfhaft nach immer neuen Reizen Ausschau.

Die Gefahr einer Ansteckung mit dem HIV-Virus (Aids) ist heute an die Stelle der einstigen Angst vor einer ungewollten Schwangerschaft getreten. Wer unter diesen Umständen allen Ernstes das Kondom verbieten zu können glaubt, die Antibabypille ebenfalls, muss sich wohl fragen lassen, von welchen antiquiert-autoritären Vorstellungen er sich dabei eigentlich noch immer leiten lässt.

Hemmende Einflüsse in frühem Alter – die körperliche Verfassung betreffend – haben eine permanente Entmutigung und meist auch Entwicklungsbehinderungen zur Folge. Das eine Mal entsteht eine Neurose, das andere Mal kommt es schließlich zum Manifestwerden einer Sexualpathologie. Als eigentliche Perversität hat stets ein Machtwille an Stelle von Liebe zu gelten, wie das insbesondere für die Grausamkeitswollust kennzeichnend ist.

Homosexuelle und lesbische Neigungen als "widernatürlich" zu bezeichnen, verrät eine biologistische Einstellung, die das Wesen und die Bedeutung des Zusammengehörigkeitsgefühls verkennt. Dieses beansprucht nämlich auch hier Geltung und Anerkennung. Sadistische und masochistische Neigungen dagegen bleiben nicht auf den Sexualbereich beschränkt. Nach E. Fromm kann es zu einer diesbezüglichen höchst nachteiligen Charakterstrukturierung kommen, und zwar in Ermangelung von Solidarität und Hingabebereitschaft.

Es ist unbedingt erforderlich, Sexualität nicht isoliert, sondern ganzheitlich, im Lebenszusammenhang zu betrachten:
- als das Ergebnis der bisherigen Persönlichkeitsentwicklung
- als eine persönliche Stellungnahme zur sozialen Wirklichkeit, zum anderen Geschlecht, zur Aufgabe einer Weitergabe des Lebens, zum eigenen Geschlecht
- als Ausdruck lustvoller Selbsterfahrung und Selbstdeutung des Menschen als eines Körper-Geist-Wesens.

Gegen einem von den Männern allzu lange beanspruchten Vorrang setzen Frauen sich nach Adler unter Umständen durch einen "männlichen Protest" zur Wehr. Möglicherweise bekommen dann die Kinder deren Macht zu spüren oder sie werden vernachlässigt.

Emanzipationsbestrebungen schafften das Übel nicht völlig aus der Welt, wenn dadurch bloß eine "Umverteilung" angestrebt ist, ein Ende der Rivalität, des Kämpfens und einander Kränkens nicht wirklich in Sicht kommt.

Was sich im politischen Leben als so außerordentlich verhängnisvoll und zerstörerisch auswirkt, droht immer wieder auch auf die Geschlechterbeziehung überzugreifen, könnte anderseits gerade hier durch gegenseitige Wertschätzung statt Machtkampfallüren und narzisstische Zerstörungswut eine wirksame Überwindung erfahren. Sexuelles Erleben dürfte weder zerredet, noch schamhaft verschwiegen werden. Der nachfolgenden Generation blieben durch einen einfühlsameren Umgang vielleicht schwere Belastungen erspart.

Schädliche Grundsätze abbauen

Im Allgemeinen neigen wir dazu, Methoden, die sich scheinbar bewährt haben, beizubehalten. Gewohnheit erleichtert die Arbeit, zumindest gewisse Verrichtungen. Viele Handgriffe im täglichen Leben können dann ohne langwieriges Nachdenken oder Ausprobieren mit Erfolg getätigt werden. Die Anwendung gleichbleibenden Handelns auf ganz unterschiedliche Situationen stößt aber begreiflicherweise auf große Schwierigkeiten. Das ist vor allem der Fall, wenn die Gewohnheitsbildung zu einer Zeit erfolgt ist, da dem Menschen rationale Fähigkeiten noch nicht in vollem Umfang zu Gebote standen.

Wer einstmals der Verwöhnung ausgesetzt war, wird auch danach immer wieder im Mittelpunkt von Aufmerksamkeit und besonderer Zuwendung stehen wollen. Vor allem kommt es ihm nicht in den Sinn, zum Wohl anderer beizutragen. Wer seinerzeit Härte zu spüren bekam, rechnet wahrscheinlich weiterhin mit "Schlägen". Er wird dadurch schließlich in seinem Pessimismus bestätigt. Wer Hunger leiden musste, überschätzt auch später die Bedeutung des Essens. Zahlreiche weitere Beispiele könnten noch angeführt werden. Einen besonderen Einfluss übt die Gewohnheit auf unser Denken und dadurch auch das Handeln aus.

In unserer Kindheit hat man uns Ideen und Grundsätze beigebracht, die in Wirklichkeit den Erwachsenen das Leben mit ihrem Nachwuchs erleichtern sollten. Immer noch pflegt man Kindern die

Folgen unerwünschten Tuns in glühenden Farben auszumalen (wie das in dem berühmt-berüchtigten "Struwwelpeter"-Buch der Fall war). Damit war die Entstehung hartnäckiger Vorurteile verbunden.

Das Beibehalten zweifelhafter Erfahrungen (die auf Grund eines bestimmten Denkschemas zustande kommen) trägt oftmals zu einer Lebensverunstaltung bei. Erst wenn Denken, Wollen und Fühlen in Einklang stehen, führt ein Weg ins Freie, erweist sich die Wirklichkeit als gestaltbar.

Wie ein roter Faden ziehen sich anderseits häufig irrige Meinungen, Werturteile, Prinzipien, Ansichten durch das Leben mancher Menschen, die sich dann vom Schicksal verfolgt glauben. So lange der Irrtum nicht aufgedeckt ist, dauern Leid, Not, zumindest der Ärger fort.

Einen wichtigen Hinweis liefert A. Adler, wenn er feststellt, dass wir niemals nur mit Tatsachen konfrontiert sind, sondern immer auch mit subjektiven Auffassungen der Tatsachen. Oftmals gehen die Deutungsmodalitäten auf die frühe Kindheit zurück. Dem entsprechend könnten spontane Kindheitserinnerungen höchst aufschlussreich sein.

Durch sie gewinnen wir niemals ein objektives Bild des Gewesenen, es zeigen sich vielmehr für einen bestimmten Menschen typische Szenen. Gelegentlich treten auch bis heute beibehaltene "Lösungsstrategien" und Kampfmaßnahmen zutage. Der Lebensstil ist nahezu identisch mit einer prinzipienhaften Vereinheitlichungstendenz.

"Wir dürfen schließen, dass alle Erinnerungen eine unbewusste Endabsicht in sich tragen, nicht unbefangen in uns leben, vielmehr eine warnende oder aneifernde Sprache sprechen. Harmlose Erinnerungen gibt es nicht. Eine bleibende Erinnerung, mag sie auch irrtümlich sein und ein einseitiges Urteil enthalten, kann ganz in Haltung, Gefühl und Anschauungsform eines Menschen übergehen" (A. Adler).

Wir sind davon ausgegangen, dass "Unfälle" auf dem seelischen Gebiet keinesfalls rein zufällig eintreten. Die heilende Wirkung des Gesprächs leitet sich anderseits gerade davon her, dass eine innere Enge dadurch gesprengt und überwunden werden kann. Als Besserwisser und Prinzipienreiter dürfte dabei allerdings keiner auftreten.

Albert Ellis hat es sich zum Ziel gesetzt (übrigens auch mit Berufung auf Psychoanalyse und Individualpsychologie), durch sein ausgewogenes Therapiekonzept zu einer emotionalen Verlebendigung beizutragen. Er führt zu diesem Zweck, "irrationale Ideen" an, um diese gleichzeitig zu widerlegen. Seine Aufzählung erhebt keinen Anspruch auf Vollständigkeit.

Wir greifen hier einige der von Ellis präsentierten Leitsätze auf, fügen aber auch noch einige andere bei. Einen erforderlichen Abbau kann ein jeder nur für sich selber bewerkstelligen. Es ist dazu notwendig, dass er erkennt, welche Prinzipien seiner Lebensentfaltung bisher im Wege standen.

Folgende leere Behauptungen beeindrucken vor allem durch die Häufigkeit ihres Vorkommens, ebenso durch ihre besondere Schädlichkeit:

- „Jeder Mensch ist durch Erbmasse bzw. seine körperliche Konstitution auch in seinem Charakter genau festgelegt". Sollte diese Behauptung stimmen, könnte auf jegliche erzieherische oder therapeutische Einflussnahme logischerweise verzichtet werden. In Wirklichkeit soll damit oft nur von fehlender Verantwortlichkeit abgelenkt werden. Hinter der Überschätzung biologischer Faktoren verbergen sich Entwertungsabsichten, vor allem Herrschaftsansprüche (bis in zum Rassenwahnsinn der NS-Zeit).

- "Nur in einem gesunden Körper kann ein gesunder Geist wohnen". Mit diesem alten Spruch versucht man die Bösartigkeit und das immer noch vorhandene Misstrauen Behinderten gegenüber zu rechtfertigen. Adler entgegnet, in einem kranken Körper könne sehr wohl ein gesunder Geist entdeckt werden, dann nämlich, wenn ein Kind trotz seiner Mängel mit Mut an das Leben heran geht. Körperliche Unversehrtheit schützt anderseits keineswegs vor seelischem Schaden.

- "Jeder Mensch ist in seinem Tun und Lassen im Grunde das Produkt seines Milieus". Tatsächlich üben soziale Erfahrungen auf einen jeden einen starken Einfluss aus. Doch die Entscheidung darüber, welcher Gebrauch von Erbe und Umwelteinflüssen (als "Bausteine") gemacht werden soll, muss jedem überlassen bleiben, "auch schon dem Kind", behauptet A. Adler. Oft erzwingt man allerdings dessen Fügsamkeit durch eine Ausschlussdrohung und macht sich dabei das Bedürfnis nach sozialer Zugehörigkeit in ungebührlicher Weise zunutze.

- "Immer trägt die Familie daran die Schuld, wenn ein Mensch im später Leben seelisch Schiffbruch leidet". Eine solche Verallgemeinerung, die man übrigens der Tiefenpsychologie gern in die Schuhe schiebt, schafft keinen wünschenswerten Wandel. Der Fehler liegt vor allem darin, dass hier von "Schuld" (einer bewussten Schädigungsabsicht) gesprochen wird. Anderseits lassen sich oft über Generationen hinweg tatsächlich verfehlte Lebensmuster feststellen.

- Befehlen kann immer nur einer, alle anderen haben zu gehorchen". Anarchistischen Tendenzen aus Protest ist heute prompt die reaktionär-neoautoristaristische "Wende" gefolgt. Wir begegnen einem unerbittlichen Herrschaftsdenken übrigens auch in Form anonymer bürokratischer Strukturen. Materieller Sicherheit zuliebe, außerdem dazu, um sich Unannehmlichkeiten zu ersparen, verzichtet der Bürger viel zu rasch darauf, angebliche Zwangsläufigkeiten kritisch zu hinterfragen. Die Annahme, wenn der eine "Hammer" sei, müsse der andere als "Amboss" herhalten, ist von A. Adler als verfehlt gebrandmarkt worden.

- „Jeder Institution, welche Freiheit einengt, ist von vornherein mit Misstrauen zu begegnen". Ein naiver, absolutistischer Freiheitsbegriff ist hier vor allem zu kritisieren. Aufrührerischen Ambitionen wohnen häufig infantil-pubertäre Impulse inne. Von Selbstkritik hält man sich in einem solchen Fall geflissentlich fern. Es ist ziemlich einleuchtend, dass jemand, der aus seiner ganz persönlichen Unzufriedenheit eine Weltanschauung macht, kaum zu echter Weltverbesserung in der Lage ist (das hatte übrigens nicht nur für die achtundsechziger Generation Geltung).

- "Man muss immer alles richtig machen, darf sich keineswegs eine Blöße geben". Dieser weit verbreitete Grundsatz kommt geradezu einer Programmierung des Misserfolgs und der Blamage gleich. Die Widerlegung lautet: Jeder freut sich über einen Erfolg seiner Bemühungen, aber gerade aus Fehlern kann man sehr viel lernen (man entdeckt dadurch die vorhandenen Schwachstellen). Als blinde Reiz-Reaktions-Verknüpfung dürfte Lernen dabei nicht aufgefasst werden. Einsicht auf Grund von Emotionen soll durchaus eine wichtige Rolle spielen.

- „Ein Mensch ist von äußeren Umständen abhängig, lassen ihn diese im Stich, so ist er verloren". Alle unsere Pläne unterliegen einer Gefährdung durch das Nichtvorhersehbare. Auf vieles (z.B. auf das Wetter) haben wir keinen Einfluss, müssen es daher hinnehmen. Anderes kann und soll selbstverantwortlich durchgeführt werden. Flexibilität ist dazu, was die Umstände betrifft, in ganz besonderer Weise erforderlich. Ohne eine diesbezügliche Bereitschaft scheitern wir nicht nur an einer unvorhersehbaren Situation, ebenso in der Begegnung mit einem Menschen, und zwar wegen dessen Andersseins.

- „Bestimmte Personen sind und bleiben schlecht. Sie sind daher zu bestrafen. Auf jeden Fall müssen wir ihnen aus dem Wege gehen". Eigenschaften, die wandelbar sind, werden nicht selten furchtsam-lieblos überbewertet. Mit einem asozialen Klischeedenken pflegt man dann jede (z.B. auch fremdenfeindliche) Grausamkeit zu rechtfertigen. Offenbar wird dabei die eigenen Unzulänglichkeiten übersehen. Die Leidenschaft für ein Bestrafen entstammt dem (identifikatorischen) neurotischen Zwangsgewissen. Je unbedeutender sich jemand fühlt, umso mehr strebt er danach, andere bei Gelegenheit einzuschüchtern und gehörig herunter zu machen.

• „Es gibt für jedes Problem nur eine einzige richtige Lösung". Ein solches Knopf-Druck-Denken, das an gefährlichen Schwachsinn grenzt, hat durch die Verbreitung des Computers einen besonderen Auftrieb erhalten. Der Hausverstand wird heute vielfach durch Logistik ersetzt. Es ist hoffentlich durch die vorangegangenen Ausführungen hinlänglich klar geworden, dass für Probleme insbesondere des menschlichen Zusammenlebens die Lösung niemals von vornherein fest liegt, vielmehr erraten werden muss, es dazu der Annäherung bedarf, ohne die wir verständnislos und unzufrieden blieben, uns dann erst recht in einer seelischen Notlage befänden.

"Man sollte die Tatsache uneingeschränkt akzeptieren, dass Irren menschlich ist und dass man aller Wahrscheinlichkeit nach anfangs falsche oder mittelmäßige Entscheidungen treffen wird, die den Wert eines Menschen aber nicht schmälern. Im Bewusstsein, dass wir (auch) durch Versuch und Irrtum lernen, sollten wir bereit sein, zu experimentieren, verschiedene Pläne auf ihre Durchführbarkeit zu erproben, nach möglichen Lösungen zu suchen und diese pragmatisch zu testen" (A. Ellis).

Ein blindes Herumprobieren ohne Einsicht (nach Art des Behaviorismus) ist keineswegs zu befürworten, wohl aber wäre dem Perfektionismus eine ganz entschiedene Absage zu erteilen. Was Lernen anlangt, im übrigen ein anthropologischer Zentralbegriff (auf Grund der naturhaften Unvollkommenheit des Menschen – als "Mängelwesen"), so erweist sich in psychohygienischer Hinsicht ein Kennenlernen anderer, der Wunsch nach Kontakten samt einem positiven gefühlsmäßigen Bezug, am meisten als empfehlenswert. Diesbezüglich lernen wir nie aus, haben somit eine ganz wichtige Lebensaufgabe vor uns.

7. ZUM BEISPIEL...

Immer mehr ist uns der Vergleich mit einem Unfallopfer (scheinbar) aus dem Blickfeld geraten. Umso deutlicher trat hoffentlich die Besonderheit seelischen Lebens hervor. Schien anfangs darüber volle Klarheit zu herrschen, dass der Leser über Hilfeleistungen gegenüber anderen informiert und zweifelsfrei dazu instand gesetzt werden soll, so dürfte auch diesbezüglich eine gewisse Wendung, besser gesagt: Ausweitung erfolgt sein. Wir haben gegen jegliche Form von Einseitigkeit Einspruch erhoben.

Vielleicht kann es ohne das Bedürfnis nach Selbstheilung samt Einsicht in die eigene Lebensproblematik gar keine echte Hilfsbereitschaft gegenüber anderen geben. Jedenfalls haben sich die Unterschiede notwendigerweise beträchtlich verwischt. Immerhin scheint es um die Ich-Stärke des Durchschnittsmenschen nicht immer gut bestellt zu sein, weil statt Vertrauen oftmals Fremdheit überwiegt.

"Wenn zwei dasselbe tun, ist es nicht dasselbe. Wenn aber zwei nicht dasselbe tun, so kann es doch dasselbe sein. Es handelt sich jedenfalls darum, die Erscheinungen des Seelenlebens, ihrer Vieldeutigkeit zufolge, nicht einzeln und von einander isoliert, sondern gerade umgekehrt, in ihrem Zusammenhang und zwar als einheitlich auf ein gemeinsames Ziel zu betrachten" (A.Adler).

Viele Fragen mussten hier notwendigerweise offen bleiben, weil die verschiedenen Nöte und Probleme niemals völlig gleich sind. Einer Frage allerdings müssen wir uns zuletzt stellen, um nicht der Irreführung bezichtigt zu werden: In welcher Hinsicht ist hier zu Recht von Erster Hilfe gesprochen worden?

Zunächst war allgemeinverständlich, aber doch auch nicht oberflächlich sozusagen eine Erstinformation zu vermitteln. Über einige zusammenhanglose Schlagworte reichen psychologische Kenntnisse bei den meisten Menschen nämlich nicht hinaus. Vor allem sind viele Aussagen in diesem kleinen Buch dazu geeignet, auf das Verhältnis zu Heranwachsenden, Kindern und Jugendlichen, insbesondere deren Eindrücke vom Zusammenleben, Anwendung zu finden.

Der Vorbeugung – sozusagen den Startbedingungen ins Leben – wurde ein ganz besonderer Rang zuerkannt. Schließlich darf nicht übersehen und vergessen werden, dass gerade für den Notfall, wenn ein Hilferuf ertönt, eine Ausnahmesituation gegeben ist, einzelne Handgriffe oder Schritte des Vorgehens außerordentlich gefragt sind, man mit Recht genau Bescheid wissen möchte.

Unmissverständlich haben wir uns schon zu Anfang gegen die Forderung nach psychologischen Tricks und Universalrezepten abgegrenzt. Die Frage nach Hilfsmaßnahmen kann im Falle der akuten Not von den konkreten mitmenschlichen Beziehungen zwischen Betroffenem und Helfer niemals getrennt, somit auch nicht vorweg beantwortet werden. Echtheit ist in Wirklichkeit am allermeisten gefragt (wenn wir die Frage als integrierenden Bestandteil des Dialogs auffassen).

Gibt es aber nicht dennoch eine Methode, die vielleicht unter allen Umständen hilfreich ist? Es gibt sie, gemeint ist Ermutigung – als Aktivierung, zugleich eine Hilfe zur Selbsthilfe, Unterstützung bei der Suche nach Problemlösungsmöglichkeiten, und zwar durch Anteilnahme und fühlbare Nähe.

Ein Trauernder hat gegen sanftes Berühren wahrscheinlich nichts einzuwenden. Es bedeutet: Du bist nicht allein. Stellen wir uns außerdem jemanden vor, der mit einem anderen Hand in Hand geht. Dieses Bild für den "Handgriff" eignet sich durchaus zur Veranschaulichung für Hilfe in der Not – zunächst einer körperlichen, wenn etwa ein Blinder über die Fahrbahn geleitet wird oder ein Verletzter aus der Gefahrenzone.

Erste Hilfe in seelischer Not bringt aber ein anderes Bild wesentlich besser und treffender zum Ausdruck, nämlich einander die Hand reichen, damit einen Gefühlskontakt bezeugen. Auf diese Weise ist das umschrieben, was Menschen zuweilen so sehr vermissen. Wer nicht mehr teilnahmslos ist, bekundet eine wünschenswerte und heilsame Offenheit. Im übrigen kann glaubhaft versichert werden: nicht so sehr seine Leistung ist verlangt, es genügt oft, wenn er seinem eigenen Bedürfnis nach Zusammengehörigkeit Folge – leistet.

Bei der Lektüre eines medizinischen Handbuches kann es durchaus sein, dass der ängstliche Leser sämtliche der geschilderten Symptome an sich selber feststellen zu können glaubt. Seiner Gesundheit wäre damit ein sehr schlechter Dienst erwiesen. Auch psychologische Aussagen sind niemals davor gefeit, zu einer Fehldiagnose Anlass zu geben. Wenn das Alleinsein sich verringert, schwindet auch die Angst.

Beispiele ermöglichen am wenigsten eine Übertragung auf gänzlich andersartige Situationen. Sie können aber zumindest in Verbindung mit Begrifflichem der Sensibilisierung von Nutzen sein. Was hier nicht unerwähnt bleiben soll: Für seelisches Wohlbefinden dürfte die Vielfältigkeit des Ausdrucks einigermaßen kennzeichnend sein. Neurotisches Erleben und Verhalten lässt anderseits am ehesten eine gewisse Typisierung zu.

Die folgenden, eher nur stichwortartig dargestellten Fallbeispiele haben die Aufgabe, einige wenige Anwendungsmöglichkeiten des Vorangegangenen aufzuzeigen. Es handelt sich insgesamt um Therapiefälle, die einer größeren Einfühlung von Seiten der nächsten Umgebung dringend bedurft hätten.

(1) Zwanghaftes Erröten:
Ein Dreiundzwanzigjähriger beklagt sich darüber, dass er sich veranlasst sehe, die Gesellschaft anderer Menschen zunehmend zu meiden. Denn stets habe er damit zu rechnen, dass eine auffallende Schamröte sein Gesicht überzieht. Sein ganzes Sinnen und Trachten kreist dann um die Frage, was die anderen vielleicht vermuten oder auch heimlich aussprechen würden. Als Jüngster von acht Geschwistern sei er aufgewachsen. Die Familienangehörigen sahen in ihm "etwas Besonderes". Zugleich blickten sie auf den "Kleinen" im-

mer irgendwie geringschätzig herab. Diesem zwiespältigen Urteil versuchte mein Patient offenbar unbewusst durch sein Rotwerden – letztlich als Mittel der Distanz – treu zu bleiben.

Eine gewisse Blindheit für die wahren Hintergründe war hier zunächst festzustellen. Die Kindheit, so hieß es schließlich, sei "eigentlich eine Last" gewesen (hauptsächlich infolge des "Ausnahmezustands"). Das Gespräch empfand der junge Mann zunehmend als einen befreienden "Ausweg". Seine Symptomatik erschien ihm schließlich selber als Flucht. Der Sexualität fehlte bei ihm die soziale Ausrichtung. Als es gerade hier einen echten Ausgleich gab, deutete das auf eine zunehmend positive Einstellung – sowohl dem eigenen Körper gegenüber als auch im Partnerbezug – hin. "Der Blutstau im Kopf funktionierte dann einfach nicht mehr".

(2)" Ich bin zu dumm":
Eine Zweiundvierzigjährige, Mutter von zwei fast erwachsenen Töchtern, erlebt viele Situationen als eine Überforderung. Ihrem Mann gegenüber fühlt sie sich oft "wie ein Kind", vor allem, wenn Gäste da sind. Die eheliche Sexualbeziehung ist "sehr reduziert". Den Tod des Vaters hatte die Frau "nie ganz überwunden". Mit Schrecken und Abscheu denkt sie zugleich an die Tyrannenherrschaft des Großvaters über ihre Herkunftsfamilie zurück. Genussverzicht wurde dort notwendigerweise groß geschrieben, was weiterhin irgendwie in Geltung blieb. Später protestierten ihre Töchter zunehmend dagegen.

In diesem Fall gab es einen ziemlich starken Willen zur Veränderung ("endlich erwachsen werden"). Vatergestalten zogen nun keine ambivalenten Gefühle mehr auf sich. Dass solche "unerlaubt" seien, sollte nun auch nicht mehr gelten, fand die im Grunde hoch intelligente Frau mit einem Mal. Dauerndes Verkrampftsein schwand allmählich infolge einer Art "Trauerarbeit", die auch die unglückliche Kindheit grundsätzlich mit einschloss.

(3) Magersüchtig:
Eine Zwanzigjährige ängstigte sich so lange vor Gewichtszunahme, bis ihr ständiges Hungern sie in ernstliche gesundheitliche Schwierigkeiten brachte. Als Jüngste von vier Geschwistern hatte sie lange die Rolle der "Leichtsinnigen" inne. Schließlich schlug auch bei ihr die Schwermut der übrigen Familienmitglieder durch. Bindungsscheu wirkte sich in geradezu spektakulärer Weise auch auf den Körper aus. Ängstlicher Bemutterung suchte die junge Frau durch berufliche Interessen zu entkommen, machte sich aber schließlich durch ihre Schwäche wider Willen zum Pflegefall. Der mangelnde Realitätskontakt war hier am auffallendsten, zugleich traf das auch für manipulatorische Tendenzen zu, eine Art ständigen Theaterspiels. Die zögernde Haltung der Geschlechtlichkeit gegenüber trat als Überlegenheitsanspruch zutage ("den Körper am besten gar nicht spüren"). Die "trotzdem" verinnerlichte Familienhierarchie ergab logischerweise Lebensverneinung. "Eigentlich war es ja ein Selbstmord auf Raten", hieß es hinterher entsetzt. Schließlich überwog bei der

Patientin der Wunsch, nicht mehr von irgendwelchen Umständen abhängig, d.h. endlich frei zu sein.

(4) Völlig unerwartet – Selbstmord:

Ein Neununddreißigjähriger strebte krampfhaft danach, seinen Bruder durch berufliche Tüchtigkeit zu übertreffen. Intensives Verdrängen verhinderte offenbar Träume, ebenso Kindheitserinnerungen, aus denen so etwas wie ein Leitmotiv zu entnehmen gewesen wäre. Alle Kraft wurde stets für Leistung aufgewandt. Der völlige Mangel irgendwelcher persönlicher Interessen und Wünsche hätte eigentlich Indiz einer suizidalen Einengung sein können.

Ein ständiges Sich-gehetzt-Fühlen war für diesen Mann kennzeichnend, außerdem eine zunehmende irrationale Zukunftsangst, so etwas wie ein Verarmungswahn (des sehr Vermögenden). Der Mangel einer "Bildersprache" fällt im nachhinein besonders ins Gewicht. Fehler im Geschäftsleben galten für ihn als katastrophal, womit wohl eine zunehmende Selbstentwertung – bis zum plötzlichen bitteren Ende – vollzogen wurde.

(5) Angst vor Älterwerden:

Ein Siebzehnjähriger fühlte sich mit einem Mal von dem Gedanken gequält, homosexuell veranlagt zu sein (irgendwelche Anzeichen dafür gab es übrigens nicht). Bisher waren alle Anstrengungen des jungen Mannes darauf gerichtet gewesen, den hohen Erwartungen des Vaters durch Schulleistungen gerecht zu werden. Plötzlich gab es einen Ausbruch, der aber misslang. Es blieben davon lediglich beträchtliche Schuldgefühle. Sexuelle Impulse erwiesen sich als Teile einer geforderten Ganzheit. Sie wurden gerade in dieser wichtigen Eigenschaft als etwas äußerst Bedrohliches empfunden.

Die Krise des Jugendalters eskalierte, weil sich die bisher getätigte "Anpassung" als zu eng erwies, nun keine Sicherheit mehr bieten konnte. Der Wunsch, sich den Lebensaufgaben (Beruf, Geschlechtspartnerschaft) durch Kindbleiben zu entziehen, hatte in eine Sackgasse geführt. Schließlich aber überwog so etwas wie Abenteuerlust. Das infantile Hängen am Vater hörte auf, eine echte partnerschaftliche Beziehung zu diesem und zu vielen anderen Personen wurde möglich und als "etwas ganz Großartiges" erlebt.

(6) "Ich weiß nicht, was ich sagen soll"

Ein fünfunddreißigjähriger wohlhabender Landwirt vermutete zuerst, ihm fehle die Bildung. Schließlich zeigte sich aber ein depressiver Grundzug als mögliche Ursache seiner Menschenscheu. Sich-in-andere-nicht-hinein-denken-Können, fand er, sei die Wurzel seines chronischen Misstrauens. Der Mann erinnerte sich, dass seine Eltern ständig im Streit miteinander gelebt hätten. Eigentlich hat er Angst – vor seiner Frau. Er inszeniert immer wieder einen Streit, um allein gelassen zu werden. "Aber das ist eigentlich erst recht unerträglich".

Eine dauernde Verstimmung war hier mit allerlei Einbildungen feindseliger Natur durchsetzt (was die andere über ihn denken und reden könnten). Er ist ein "gebranntes Kind", hat es aber bisher "eigentlich nicht anders gemacht" – als seine Eltern.

Suizidale Gedanken wichen schließlich einer größeren Offenheit für andere. Der Mann lernte sich erst selber richtig kennen, als er "unbedingt ein Mitmensch" werden wollte. Das erklärte er ausdrücklich, voller Freude über das Entgegenkommen, das ihm erst jetzt verschiedentlich zuteil wurde.

(7) Prüfungsversagen

Ein Fünfundzwanzigjähriger stellte fest, seine Aufmerksamkeit schweife ständig auf andere Gegenstände ab, wenn er sich auf eine Prüfung vorbereitet. Das wiederholte Versagen empfand er als äußerst quälend und demütigend. Zugleich war dieses – selbst inszeniert: Die befürchtete Berufstätigkeit sollte (unbewusst) hinausgeschoben werden. Doch erst die Erkenntnis, dass er eigentlich an den Verhältnissen seiner Kindheit (einem "Ausweichendürfen") krampfhaft fest hielt, ließ den jungen Mann "wie aus einem bösen Traum erwachen".

Ein "Wiederholungstraum" sein Stummsein betreffend veranlasste ihn übrigens zum "Wachwerden". Es gab allmählich in seinem Leben auch keine Verwechslung von Personen mehr. "Die Phantasie vermag Leistung nicht zu ersetzen", hieß es selbstkritisch, außerdem: "Es gibt niemals ein unabänderliches Schicksal, wenn man sich nicht mehr alles gefallen lässt". Dass Eingeredetes außerordentlich schädlich sein kann, blieb als eine sehr ernste Warnung bei dem jungen Mann glücklicherweise weiterhin aufrecht.

Alle diese Fälle – mit Ausnahme von *(4)*, wo endogene Faktoren den Selbstmord begünstigt haben dürften – zeichnen sich dadurch aus, dass es eigentlich nur eines "aktiven Zuhörens" zur richtigen Zeit bedurft hätte. Mir scheint, dazu wäre nicht unbedingt und in jedem Fall ein Psychotherapeut vonnöten gewesen. Lediglich ein vertrauenswürdiger Mitmensch wäre vonnöten gewesen. Ich will einfach nicht glauben, dass es einen solchen heute nicht mehr gibt.

"Wenn heutzutage nur wenige Menschen auf das Familienleben vorbereitet sind, so hat dies seinen Grund darin, dass sie niemals gelernt haben, mit den Augen des anderen zu sehen, mit seinen Ohren zu hören und mit dem Herzen des anderen zu fühlen" (A. Adler).

Wer sich dieses Adler-Zitat zu Herzen nimmt, es schließlich in die Tat umzusetzen versucht, ist für eine Erste Hilfe in seelischer Not eigentlich recht gut vorbereitet. Aber auch seine alltäglichen Begegnungen könnten dadurch an Lebendigkeit, Effektivität und Überzeugungskraft gewinnen.
Zusammenfassend ist zu sagen, dass überall dort, wo Menschen einander wirklich nahe kommen, es dringend eines ganz entschiedenen Wandels von der Einseitigkeit zur Wechselseitigkeit bedürfte. Ohne Wechselseitigkeit misslingt Annäherung notwendigerweise.
Strukturen der Herrschaft und des Sich-unterordnen-Müssens, von Befehl und Gehorsam, haben infolge eines solchen Wandels ein für allemal ausgedient. Autoritätsansprüche besitzen im echten

Gespräch keine Geltung mehr. Auch dem Identitätsgefühl des Einzelnen, nicht nur der Effektivität einer Gruppe käme die bereitwillige dialogische Öffnung zugute.

Im Verhältnis von Person und Gemeinschaft geht es niemals um ein "Entweder – oder", sondern immer um ein "Sowohl als auch". Selbstverwirklichung und Solidarität sind nie und nimmer Gegensätze, stehen vielmehr zu einander in einem Ergänzungsverhältnis.

Im übrigen gibt es die Seelennot in den meisten Fällen nur deshalb, weil es heute hoch an der Zeit ist, dass an die Stelle von Machtansprüchen, der Überheblichkeit von Besserwissern, endlich Einfühlung tritt. Vor allem für das Verhältnis der Geschlechter hat das Geltung, aber auch zwischen Verschiedenaltrigen. Der Dialog dient dann nicht in erster Linie dem Austausch von Informationen, sondern der gegenseitigen Akzeptanz, was für sämtliche Beteiligten nur von Vorteil sein kann.

Um es kurz zu sagen: Es bedürfte des ganz konkreten Beispiels bezüglich einer gänzlich unspektakulären, umso wirksameren Hilfsbereitschaft. Konzepte, gute Vorsätze und Absichtserklärungen wären hier nicht ausreichend.

Mit folgenden guten Eigenschaften wünscht sich C.R. Rogers, dass der "Menschen von morgen" ausgestattet sei: Offenheit, Wunsch nach Nähe, Verlangen nach Authentizität. "Sie (solche Menschen) lehnen Heuchelei, Betrug und Doppelzüngigkeit, die für unsere Gesellschaft so charakteristisch sind, ab". Keine moralistische Besserwisserei vermag hier den Weg zu weisen, immer nur der eigene aufrichtige Entschluss.

Unter Anteilnahme wird von Rogers "Hilfsbereitschaft" besonders erwähnt, und zwar dort, "wo echte Not herrscht". Es handle sich um eine unaufdringliche, sehr subtile, nicht urteilende Form der Zuwendung. Es ist noch ausdrücklich von der Abneigung gegen überstrukturierte, unflexible, bürokratische Institutionen die Rede. Auch durch eine "Strukturreform" werden diese nicht menschlicher. Es bedarf der Privatinitiative, die den Privatismus im Sinn von Absonderung und Gleichgültigkeit zugleich überwindet.

Wahrscheinlich können wir auf einen freien, unkonventionellen, hilfsbereiten und einfühlsamen Menschen aber nicht bis übermorgen warten. Es wäre immerhin denkbar, dass die Seelennot als unbewusster, gleichwohl unübersehbarer Protest gegen lieb- und lustlose Umgangsformen heutzutage solchen, die sich dazu bereit finden, ein reiches Betätigungsfeld für echte Erneuerung bieten. Dann wäre wirklich allen geholfen und eine bisher ohnedies erfolglos negierte Zusammengehörigkeit endlich beglückend unter Beweis gestellt.

Ein optimistisches Nachwort

Wie hilfreich mein kleines Buch tatsächlich geworden ist, muss jeder Leser für sich selber entscheiden. Denn nicht nur die Aussageabsicht eines Autors ist von Bedeutung, sondern immer auch das Erkenntnisinteresse dessen, der sich mit einem Thema auseinandersetzt. Immerhin können tiefenpsychologische Einsichten an der Entzauberung so mancher bisherigen (eingebildeten) Großartigkeit beteiligt sein. Aufgeschlossenheit gerade dafür wäre höchst wünschenswert, vor allem, wenn einer sich schließlich zu seiner eigenen Hilfsbedürftigkeit bekennt. Nicht nur seine seelische Gesundheit ist davon abhängig, auch die Fähigkeit zu einem solidarischen Zusammenleben. Eine Gebrauchsanweisung womöglich nur zu dem Zweck, um einen, der angeblich "ausgerastet" ist, wieder zur Vernunft zu bringen, ihn gleichsam ruhig zu stellen, liegt hier nicht vor. Vieles, was ich schrieb, dient der Vorbeugung, ist auch erziehungsrelevant, so dass Erste Hilfe solcher Art Seelenleiden im späteren Leben vermeidbar machen würde. Aber auch jemand, der sich dazu veranlasst fühlt, auf seinen Nächsten ermutigend einzuwirken, diesem eine warmherzige Unterstützung zu bieten, hat hoffentlich manche Anregung empfangen. Wenn er daran gehindert wurde, irgendwelche gebräuchlichen Redensarten zu verwenden, wird er mir das wohl nicht verübeln. Vielleicht konnte ich aber auch der Selbsthilfe einen guten Dienst erweisen – indem hier nach-

drücklich auf die Wichtigkeit von Gefühlen hingewiesen ist, die man zulassen soll, wenn auch nicht
immer ausleben wird. Einfühlung als Lebenszei-
chen in Bezug auf den Mitmenschen käme beiden
zugute.

Die Wirkweise des Unbewussten als einer Körper
und Geist verbindenden Dynamik (oder im Falle
von Verdrängung als eine Art Sprengstoffdepot)
kam hier – auch zugunsten von Selbsterkenntnis –
zur Darstellung, wobei das Gesagte sich hoffentlich die Waage hält zwischen ungebührlicher Ver-
einfachung und einem unverdaulichen Fachjar-
gon.

Dankbar erinnere ich mich an meinen Lehrer Pro-
fessor Erwin Ringel, der im Anschluss an einen
Vortrag bei den Salzburger Hochschulwochen von
einem besorgten Hörer gefragt wurde, ob er denn
keine Scheu davor habe, sein Fachwissen vor Lai-
en auszubreiten. Eine hilfreiche Erkenntnis darf
man nicht für sich behalten, gab Ringel zur Antwort. Von einer Psychologisierung aus überhebli-
cher Besserwisserei würde er anderseits ganz
dringend abraten, fügte er hinzu. Im übrigen sei er
der Meinung, dass den meisten Menschen, wenn
es darauf ankommt, gute Gedanken einfielen, Helfen somit absolut nichts Ausgefallenes und Unzumutbares sei.

Selbstverständlich vermag das Vorangegangene
ein Studium umfangreicher Werke nicht zu ersetzen, wobei das zunehmende Wissen in Bezug auf
den Menschen meist zu der ernüchternden Einsicht führt, recht wenig oder gar nichts zu wissen.
Aus meiner Arbeit als Psychotherapeut kann ich
das glaubhaft versichern. Mein Text, der zur

Hauptsache schon vor Jahren entstanden ist, wäre wesentlich behutsamer ausgefallen, wenn ich mich aus meiner heutigen Sicht entschlossen hätte, auf dieses heikle Thema einzugehen.

Was aber bereits damals für mich gegolten hat und von einem hilfsbereiten und/oder hilfsbedürftigen Leser unbedingt berücksichtigt werden muss: Die Theorie dient einer Orientierung, außerdem dazu, um sich die Sache nicht zu einfach zu machen. Das, worauf es aber am meisten ankommt, vermag sie nicht zu ersetzen, nämlich Annäherung, echtes Wohlwollen, den aufrichtigen Heilungswunsch. Er wirkt in nämlicher Weise wie ein Fluch, welcher allerdings schadet, und zwar zunächst dem, der ihn ausspricht oder auch nur solche Gedanken hegt.

Zu einem heilsamen Wünschen, einem Willensakt mitsamt Einsicht und starker emotionaler Beteiligung, sollte hier in erster Linie angeregt werden. Ersetzen lässt sich der aus dem Herzen kommende Entschluss dazu durch keine Theorie. Vielleicht verhilft diese aber wenigstens dazu, den einen oder anderen von der Notwendigkeit mitmenschlichen Hinwendung zu überzeugen.

"Einfühlung strahlt mit ihrem Licht in unsere tiefste Not und lässt uns niemals vergessen, dass unser Überleben einzig und allein von der Fähigkeit abhängt, einander zu verstehen und darauf wirklich einfühlsam einzugehen. Sie ist immerhin unsere gemeinsame Sprache, denn sie gibt den tiefsten Sehnsüchten unserer Seele eine Stimme und vermag deren ängstliche Fragen beredt zu artikulieren" (A.P. Caramicoli).

Von dem, der mein Büchlein mit Interesse gelesen hat, erwarte ich mir, dass er sich zumindest nichts mehr darauf einbildet, auf andere Menschen, ihre Fragen und Probleme "völlig emotionslos" einzugehen. Am besten, er lässt einen solchen groben Unfug gänzlich bleiben.

Seine Gefühle und die anderer wird er hoffentlich nicht mehr mit unverzeihlicher Schwäche gleichsetzen, noch wird er sich auf seine "guten Absichten" ausreden, wenn er Mitmenschen durch angebliche "Wahrheiten" bloß Kränkungen zufügte und mangelnde Diskretion erkennen ließ.

Ob ein höheres Maß an Hausverstand bei Durchschnittsmenschen den Therapeuten in manchen Fällen zu ersetzen vermag, getraue ich mir nicht zu sagen. Ganz in Abrede stellen will ich es aber nicht. Immerhin sind an einer solchen Art des Verstehens immer auch Gefühle, Anteilnahme, das Herz und sogar intuitive Fähigkeiten beteiligt. Ein gefühlloser Mensch ist nicht nur zu einer wie immer gearteten Hilfe ganz und gar unfähig. Er bedürfte selber dringend einer Hilfe, um einmal weinen und ein andermal vom Herzen froh sein zu können.

Was nur verschüttet ist, lässt sich vielleicht wieder frei legen, ausgraben, ans Licht bringen. Verhärtetes und Erstarrtes ist möglicherweise einer Wiederbelebung zugänglich. Wer so optimistisch zu denken vermag, der schafft es auch, aber nicht etwa, um selber damit Erfolg zu haben, sondern auf dass ein anderer, der irgendwie ins Abseits, "unter die Räder" geraten ist, wieder zuerst als Lebewesen, dann als Mitmensch, in alledem als Person zu gelten vermag, sich betätigen kann.

Hilfreich sind nicht (besserwisserische) Ratschläge oder Behandlungsweisen, wodurch Überlegenheit des Helfers zum Ausdruck käme. Befreiend wirken – Nähe ("du bist nicht mehr dir selbst überlassen"), Ermutigung (als positive Einschätzung des Notleidenden) und dabei eine dialogische Situation; sie gewährt beiden Bewegungsfreiheit (G.Bittner).

Selbstverwirklichung und Solidarität bilden nicht nur keine Gegensätze, ergänzen und bedingen einander vielmehr. Um– und Mitwelt sind von zentraler Bedeutung für das personale Sein und Werden, und zwar sofern Solidarität zum Einsatz gelangt, man nicht nur darüber redet (J. Küchenhoff). Eine Variante von beiden war hier unser Thema, nämlich Subsidiarität: Hilfe als Unterstützung. Die Eigenaktivität eines Menschen soll keinesfalls durch den anderen ersetzt, wohl aber durch dessen Einsatz eine krankmachende Passivität überwunden werden.

An eine Art Starthilfe ist gedacht, etwas Vorübergehendes, aber gerade im richtigen Augenblick geleistet, angeboten, nicht angetan. Das offene Bekenntnis sowohl der Bedürftigkeit als auch der Bereitschaft dazu dient der Wiederherstellung eines umfassenden dynamischen Gleichgewichts, keiner heilen Welt, die es eigentlich nie gegeben hat.

Wir können auch so sagen: es entsteht endlich ein Raum, in dem man wieder mit einander leben kann, es aushält, sich sogar zuweilen wohl fühlt, jedenfalls nicht mehr in die Krankheit zu flüchten braucht. Vorher war das infolge von Anonymität,

Gleichgültigkeit, Neid und Fremdenfeindlichkeit nämlich häufig, wenn auch unbewusst der Fall. Eigentlich müssen wir dem Leidenden dafür dankbar sein, dass er uns auf die Unverträglichkeit der alltäglichen Verhältnisse so dramatisch hinweist. Möge sich nur niemand etwas darauf einbilden, dass er mit zusammengebissenen Zähnen aushält, was uns tagtäglich in Schule, Beruf, Öffentlichkeit, aber auch in der Familie zugemutet wird. Wesentlich besser wäre es, jemandem freundschaftlich ohne alle möglichen Sicherheitsvorkehrungen die Hand zu reichen, ihm dabei ein Lächeln zu schenken, Kontaktbereitschaft zu signalisieren.

Am Schluss: zur Einbandgestaltung

Wie soll man Seelisches ins Bild setzen? Ein Künstler kann es. Würde er bloß Gegenstände abbilden, ist er keiner. Also empfiehlt es sich, falls man zu einem solchen Zweck nicht mit Buchstaben das Auslangen finden will, eine symbolische Darstellungsweise zu wählen.

Dass die Bombenruinen nach dem Krieg eigentlich auch als Sinnbilder, und zwar innerer Zusammenbrüche, Folge von Größenwahn, hätten gelten können, ahnte man wohl erst, als der Wiederaufbau längst abgeschlossen war. So tun, als sei nichts geschehen, war ein höchst riskantes, der individuellen Verdrängungsneigung vergleichbares Unterfangen.

In welchem Maß eine seelische Labilisierung bis zur faschistischen Ära zurück reicht, soll hier nicht erörtert werden. Lebens- und Fremdenfeindlichkeit feierten damals schaurige Triumphe. Wenn sich eine derartige Gesinnung heute abermals zu regen beginnt, ist unbedingt ein Gegengewicht erforderlich. Daher habe ich für den Einband meines kleinen Buches ein Sinnbild gewählt, das auf Lebensvorgänge Bezug nimmt. Dass diese dem freien Auge verborgen bleiben, mag unserem Thema durchaus gemäß sein.

An pflanzliche Zellen ist dabei gedacht, die sich schließlich vereinigen, um ein Ganzes zu bilden. Eine Wachstumsdynamik bedarf, was die menschliche Psyche betrifft, aber der Unterstützung: zur Bekräftigung dafür, dass unser Leben einzig und allein als ein Zusammenleben gelingt,

Vereinzelung immer ein In-Not-Geraten bedeutet und bewirkt.

Zu der Malerei möchte ich nur so viel sagen: Mein Sohn Peter und dessen Gattin haben auf ihrer Australienreise die Kunst der Aborigines als äußerst faszinierend empfunden. Der Besuch einer Galerie mit den beiden in der alten Kaiserstadt Speyr, welche ausschließlich solche Bilder ausstellt, weckte auch bei mir eine große Begeisterung für diese Art eines künstlerischen Ausdrucks. Mit meinem quadratischen Acrylbild, mehrfarbige Punkte auf grünem Grund, wollte ich dennoch nicht etwa eine Nachahmung tätigen, sondern die empfangene Eindrücke und Anregung völlig eigenständig verarbeiten.

Das Ergebnis war dann diese abstrakte Malerei – mit einer nachträglicher Deutung, wie ich gern zugebe. Die Arbeit selber ist ganz spontan und ohne eine besondere Nachdenklichkeit erfolgt – als ob Form und Farbe so und nicht anders beschaffen sein müßten.

Möge mein kleines Buch mit diesem Einbandbild bei den einen Hilfsbereitschaft wecken, für andere tröstlich wirken, dass sie mit ihrer Seelennot keineswegs allein bleiben müssen, statt der einengenden Begrenzung eine heilsame und wohltuende Ergänzung möglich und nötig ist.

Die Kunst des Gebens und Nehmens wäre zu alledem dringend erforderlich. Sie reicht allerdings über bildnerische oder verbale Ausdrucksmittel weit hinaus. Auch die jeweilige Gabe ist immer nur ein Zeichen. Es soll auf Zusammengehörigkeit hinzeigen, dieser zugleich den Weg bereiten.

Ich bin sicher, dass fast alle dazu die entsprechenden Fähigkeiten besitzen. Sollte dieses Buch als Anregung dienen, diesbezügliche Versuche mit vollem Einsatz zu unternehmen, wird zuletzt jeder der Beschenkte sein, der sich darauf bereitwillig und beharrlich einlässt, eine Hilfe zur Selbsthilfe zu leisten.

Einer "Selbstregulierung" bedarf übrigens jeder Mensch, was seine seelischen Vorgänge anlangt, noch viel mehr als das bei den biologischen Prozessen der Fall ist. Wunder des Lebens und mechanistische Zwangsläufigkeit schließen einander eigentlich grundsätzlich aus. Wir stoßen hier zumindest an die Grenzen jeglicher Technik. Gerade deshalb kommt der Hilfe zur Selbsthilfe – im Gegensatz zu manipulatorischen Verhaltensmodifikationen – eine so große Bedeutung zu.

Das Grundanliegen der Krisenintervention wird dann – unabhängig von institutionellen Vorgaben und weit über diese hinaus – von immer mehr Menschen in Zukunft hoffentlich tätig aufgegriffen werden. Der Helfer ist kein Wohltäter, dem man Bewunderung zollen müsste, lediglich einer, der zu wissen glaubt, worauf es im Leben eigentlich ankommt.

Literaturhinweise

Adler, A. (1912): Über den nervösen Charakter, Frankfurt 1973
- (1920): Praxis und Theorie der Individualpsychologie, Frankfurt 1974
- (1927): Menschenkenntnis, Frankfurt 1966
- (1929): Lebenskenntnis, Frankfurt 1978
- (1930): Kindererziehung, Frankfurt 1976
- (1930): Die Technik der Individualpsychologie 2. Die Seele des schwer erziehbaren Kindes, Frankfurt 1974
- (1931): Wozu leben wir? Frankfurt 1979
- (1933): Der Sinn des Lebens, Frankfurt 1973
Bittner, G.: Erziehungsberatung – "kleine Psychotherapie" oder spezifisches Angebot der Jugendhilfe, in: Ztschr. f. Individualpsychologie 3/2001 (München), S 222ff
Brandl, G. (1975): Miteinander sprechen lernen. Anthropologische Grundlage der Gesprächspsychotherapie, Eschborn 1997
- (1977): Erziehen ohne verwöhnen. Ein befreiender Ausweg, Eschborn 1997
- (1980): Handeln aus Liebe? Der Dekalog aus individualpsychologischer Sicht, Eschborn 1997
- (1982): Zum Mitmenschen unterwegs. Ein Konzept seelischer Gesundheit, Eschborn 2002
-: Wohin mit Angst und Depression? Eine aktive Lebenshilfe, Steyr 1995
-: Was haben wir nur falsch gemacht? Zukunft ohne Ich-Fixierung, Regensburg 1996

-: Auf der Suche nach Sinn. Über Mensch-Werden handlungsorientiert nachdenken, Regensburg 1997

-: Nie mehr fraglos. Ein Lebens-Hilfe-Angebot, Regensburg 1998

-: Hexe im Stammbaum. Und andere Nachdenklichkeiten, Gelnhausen 1998

-: Womöglich zusammen leben. Eine psychohygienisch relevante Umschau, Berlin 1999

-: Mitmenschlichkeit kann uns heilen. Annäherungs-Versuche, Graz 1999

- : Übergangszeit. Offen für Neues, Norderstedt 2000

-: Selber Entscheidungen treffen. Mut zur Wende, Norderstedt, 2000

-: Statt vor verschlossenen Türen. Ein psychosoziales Entkrampfungstraining, Norderstedt 2001

- : Aus der Isolation aufbrechen. Impulse wider Passivität, Vereinzelung und Privatismus, Hamburg 2002

Capra, F.: Lebensnetz. Ein neues Verständnis der lebendigen Welt, Bern 1996

Cerwinka, G./ Schranz, G.: Die Macht der versteckten Signale. Wortwahl – Körpersprache – Emotionen, Wien 1999

Ciaramicoli, A.P./ Ketcham, K.: Der Empathie-Faktor. Mitgefühl, Toleranz, Verständnis, München 2001

Ellis, A. (1962): Die rational-emotive Therapie. Das innere Selbstgespräch bei seelischen Problemen und seine Veränderung, München 1977

Flach, F.F. (1974): Depression als Lebenschance, Reinbek 1978

Freud, S. (1940): Abriss der Psychoanalyse, Frankfurt 1973

Fromm, E. (1947): Psychoanalyse und Ethik, Konstanz 1954

-(1947): Psychoanalyse und Ethik, Zürich 1954

-(1964): Die Seele des Menschen. Ihre Fähigkeit zum Guten und zum Bösen, Stuttgart 1979

-(1968): Revolution der Hoffnung, Reinbek 1974

-: Haben oder Sein. Stuttgart 1976

Küchenhoff, J. (Hrg.): Solidarität und Selbstverwirklichung, Gießen 2001

Lowen, A. (1967): Der Verrat am Körper. Der bioenergetische Weg, die verlorene Harmonie von Körper und Psyche wieder zu gewinnen, Reinbek 1982

- (1975): Bioenergetik. Therapie der Seele durch Arbeit mit dem Körper, Reinbek 1982

Miller, A.: Das Drama des begabten Kindes. Und die Suche nach dem wahren Selbst, Frankfurt 1979

Perner, R.A.: Darüber spricht man nicht. Tabus in der Familie – Das Schweigen durchbrechen, München 1999

Richter, H.E.: Patient Familie. Entstehung, Struktur und Therapie von Konflikten in Ehe und Familie, Reinbek 1970

Ringel, E. (1973): Selbstschädigung durch Neurose. Psychotherapeutische Wege zur Selbstverwirklichung, Wien 1978

- : Lesebuch, Wien 1986

-: Fliehen hilft nicht. Vom richtigen Umgang mit Problemen, Freiburg 1993

-: Das Alter wagen. Wege zu einem erfüllten Lebensabend, Wien 1993

-/Brandl, G.(1977): Ein Österreicher namens Alfred Adler. Seine Individualpsychologie – Rückschau und Ausblick, Eschborn 1997

-/Brandl, G. (1977): Situationsbewältigung durch Fragen. Das dialogische Prinzip im Lernprozess, Eschborn 1999

Rogers, C.R. (1980): Der neue Mensch, Stuttgart 1981

Schmidbauer, W.: Die hilflosen Helfer. Über die seelische Problematik helfender Berufe, Reinbek 1977

Sonneck, G.: Der Beitrag der Individualpsychologie zur Krisenintervention und Selbstmordverhütung, in: Ringel, E. /Brandl, G.: Ein Österreicher namens Alfred Adler, S 108ff

Weitere Werke von Dr. Dr. Gerhard Brandl:

Als Books on Demand greifbar (**BOD**/ Norderstedt):

Statt vor verschlossenen Türen. Ein psychosoziales Entkrampfungstraining, 256 Seiten, ISBN 3-8311-1526-5

Selber Entscheidungen treffen. Mut zur Wende, 229 Seiten, ISBN 3-8311-0217-1

Übergangszeit. Offen für Neues, 267 Seiten, ISBN 3-89811-599-2

Gute Reise. Höhepunkte – Beweggründe, 130 Seiten, ISBN 3-89811-263-2

Im Jahr 2002 bei **MeinBUCH**/ Hamburg erschienen:

Aus der Isolation aufbrechen. Impulse wider Passivität, Vereinzelung, Privatismus, 256 Seiten, ISBN 3-936128-00-6

Neuauflagen von Büchern des Autors im **Dietmar Klotz** Verlag/ Eschborn:

Miteinander sprechen lernen. Anthropologische Grundlagen der Gesprächspsychotherapie, 151 Seiten, ISBN 3-88074-608-7

Handeln aus Liebe? Der Dekalog aus individualpsychologischer Sicht, 214 Seiten, ISBN 3-88074-611-7

Erziehen ohne verwöhnen. Ein Ausweg, 173 Seiten, ISBN 3-88074-607-9

Zum Mitmenschen unterwegs. Ein Konzept seelischer Gesundheit, 158 Seiten, ISBN 3-88074-454-8

Zusammen mit **Erwin Ringel** (als Herausgeber):

Ein Österreicher namens Alfred Adler. Seine Individualpsychologie – Rückschau und Ausblick, 227 Seiten, ISBN 3-88074-609-5

Situationsbewältigung durch Fragen. Das dialogische Prinzip im Lernprozess, 348 Seiten, ISBN 3-88074-283-9